W0039434

Grammatik kurz & bündig
UNGARISCH

von Rita Hegedűs

PONS GmbH
Stuttgart

PONS
Grammatik kurz & bündig
UNGARISCH

von Rita Hegedűs

Inhaltlich identisch mit ISBN 978-3-12-561167-2.

Auflage A1 5 4 3 2 / 2016 2015 2014 2013

© PONS GmbH, Rotebühlstraße 77, 70178 Stuttgart, 2011
PONS Produktinfos und Shop: www.pons.de
PONS Online-Wörterbuch: www.pons.eu
E-Mail: info@pons.de
Alle Rechte vorbehalten.

Redaktion: Veronika Barics, Pécs
Lektorat: Dr. Haik Wenzel, Berlin
Logoentwurf: Erwin Poell, Heidelberg
Logoüberarbeitung: Sabine Redlin, Ludwigsburg
Titelfoto: Vlado Golub, Stuttgart
Einbandgestaltung: Tanja Haller, Petra Hazer, Stuttgart
Layout: Ulrike Promies, Metzingen
Satz: Dániel Pénzes, Budapest
Druck und Bindung: Print Consult GmbH, München

Printed in the EU.
ISBN: 978-3-12-561669-1

So benutzen Sie dieses Buch

Sie wollen die Regeln der ungarischen Sprache erlernen oder wiederholen, aber bei speziellen Fragen auch schnell und gezielt nachschlagen können.

Die **PONS Grammatik Ungarisch kurz & bündig** bietet Ihnen eine **übersichtliche Darstellung** der aktuellen ungarischen Sprache. Die **klar formulierten Regeln** werden durch zahlreiche Beispiele mit deutschen Übersetzungen veranschaulicht.

Die **PONS Grammatik** warnt auch vor **typischen Fehlerquellen**, die gerade deutschsprachigen Ungarisch Lernenden häufig passieren.

Bei der Arbeit mit diesem Buch helfen Ihnen folgende Symbole:

 Hier wird auf eine **Regel** oder auf eine **Besonderheit** hingewiesen, die man nicht übersehen sollte.

 Lerntipps verraten Ihnen an dieser Stelle, wie Sie sich die Regeln besser merken können.

⇨⇦ Hier werden **Unterschiede** zwischen dem Deutschen und dem Ungarischen aufgezeigt, die Sie besonders beachten sollten.

▶ Hier wird auf andere **Grammatikkapitel** verwiesen, z. B. ▶Kapitel Die Hilfsverben

Wenn Sie etwas gezielt nachschlagen möchten, führt Sie das ausführliche Stichwortregister am Ende des Buches zur richtigen Stelle. So wird die PONS Grammatik zu Ihrem wertvollen Begleiter beim Erlernen der ungarischen Sprache.

Viel Spaß und Erfolg!

Inhalt

1. Lautlehre 7

Konsonanten _____ 7
Vokale_____ 8
Vokalharmonie _____ 9
Vokaldehnung_____ 10

2. Das Verb 11

Die Besonderheiten des ungarischen Verbs _____ 11
Grundform des Verbs _____ 11
Konjugation des Verbs_____ 11
____ Person und Numerus des grammatischen Subjekts,
____ Bestimmtheit oder Unbestimmtheit des Akkusativobjekts_____ 12
____ Tempus _____ 13
____ Aspekt_____ 17
____ Modus _____ 18
____ Genus Verbi – Aktiv und Passiv _____ 21
Die Hilfsverben _____ 22
Die Rektionsverben _____ 26

3. Das Substantiv 29

Das Substantiv als Satzglied _____ 29
Stammformen der Substantive _____ 30
Pluralbildung _____ 30
Das Substantiv in Besitzverhältnissen _____ 31
____ Die Relation zwischen Besitzer und Besitztum_____ 31
____ Besitztum im Singular _____ 32
____ Besitztum im Plural _____ 33
____ Die haben-Konstruktion im Ungarischen _____ 35
____ Die Konstruktion jemandem gehört etwas _____ 36
Das Substantiv als Objekt _____ 37
____ Akkusativbildung _____ 37
Zusammenfassung der Kasussuffixe_____ 38
Verschiedene Nominativstämme in Objektfunktion _____ 41

4. Das Adjektiv 42

Das Adjektiv als Satzteil _____ 42
Komparation des Adjektivs _____ 43
Die Zahlwörter _____ 45
____ Das Zahlwort als Satzteil _____ 45
____ Wortbildung der Zahlwörter _____ 46
____ Gebrauch der Zahlwörter _____ 47

5.	Das Adverb	52
	Bildung von Adverbien	52
	Der Vergleich	53

6.	Das Pronomen	56
	Das Personalpronomen	56
	___ Die Personalpronomen in verschiedenen Satzgliedfunktionen	57
	___ Pronominale Formen der Postpositionen	58
	Das Possessivpronomen	59
	Das Demonstrativpronomen	60
	Das Fragepronomen	63
	Das Relativpronomen und die hinweisenden Bezugswörter	65
	Das verneinende Indefinitpronomen, Indefinit- und Universalpronomen	66
	Das Reflexiv- und Reziprokpronomen	67

7.	Der Infinitiv und die Partizipien	68
	Der Infinitiv	68
	___ Suffigierung des Infinitivs	69
	Die Partizipien	69
	___ Partizip Präsens	69
	___ Partizip Perfekt	70
	___ Partizip Futur	71
	___ Das Adverbialpartizip	71
	___ Verwendung der Partizipien	72
	___ Das erweiterte Partizip	72

8.	Die Partikeln	74
	Modalpartikeln	74
	Relationspartikeln	76
	Frage- und Antwortpartikeln	77
	___ Einige typische Frage-Antwort Situationen	78
	Die Verbalpräfixe	79

9.	Der Artikel	84
	Allgemeine Regeln für den Artikelgebrauch	84
	Weitere Regeln für den Artikelgebrauch	85
	___ Strukturen ohne Artikel	85
	___ Strukturen mit bestimmtem Artikel	86
	___ Strukturen mit unbestimmtem Artikel	86

10. Die Wortbildung — 88

Die Verbableitungen _____ 88
Die Substantivableitungen _____ 90
Die Adjektivableitungen _____ 91

11. Der Satz — 94

Der einfache Satz_____ 94
Koordinierende Sätze_____ 97
____ Kopulative Satzverbindungen_____ 97
____ Adversative Satzverbindungen _____ 98
____ Disjunktive Satzverbindungen _____ 99
____ Konklusions-Satzverbindungen _____ 99
____ Kausale Satzverbindungen _____ 99
____ Erläuternde Satzverbindungen _____ 99
____ Konditionale Satzgefüge _____ 100
____ Temporale Satzgefüge _____ 100
____ Komparative Satzgefüge_____ 101
Relativsätze _____ 101
____ Objektsatz_____ 101
____ Attributsatz _____ 101
____ Die dass-Sätze _____ 102

12. Die Struktur des Satzes — 104

Das Prädikat_____ 104
Das Subjekt _____ 106
Das Akkusativobjekt _____ 107
____ Zusammenfassung der bestimmten und unbestimmten
____ Akkusativobjekte _____ 109

13. Adverbialbestimmungen und Attribute — 111

Das System der Adverbialbestimmungen_____ 111
____ Ortsbestimmungen _____ 112
____ Zeitbestimmungen _____ 115
____ Kausalbestimmung _____ 121
____ Finalbestimmung _____ 122
Das Attribut _____ 122

14. Die Wortfolge — 123

Wortfolge von Sätzen mit betontem Satzglied (Fokus) _____ 123
Wortfolge narrativer Sätze_____ 124

Stichwortregister _____ 126

1 Lautlehre

Das ungarische Alphabet enthält 44 Buchstaben. Die wichtigste Tendenz in der ungarischen Aussprache ist die nahezu 1:1-Übereinstimmung von geschriebenem Buchstaben und gesprochenem Laut.

Konsonanten

	Beispiele	Verwandter Laut im Deutschen
b	**b**a**b**a – *Baby*, **b**ű**b**ájos – *entzückend*, **b**ank – *Geldinstitut*, zse**b** – *Tasche*	*Bank, Brot, Bar*
c	**c**i**c**a – *Miezekatze*, **c**ukor – *Zucker*, **c**érna – *Zwirn*	*Katze, Zucker, Zwirn, Zelt*
cs	**cs**eresznye – *Süßkirsche*, **cs**i**cs**ereg – *zwitschern*, **cs**ónak – *Boot*	*Lutscher, zwitschern*
d	**d**án – *dänisch*, **d**upla – *doppelt*, **d**ráma – *Drama*, a**d** – *geben*	*dänisch, doppelt, Drama*
dz	e**dz**és – *Training*, e**dz** – *trainieren*	ital.: a**zz**uro
dzs	**dzs**eki – *Jacke*, **dzs**em – *Konfitüre*, **dzs**úsz – *Juice*	*Juice*
f	**f**alu – *Dorf*, **f**órum – *Forum*, **f**él – *fürchten*	*Dorf, Forum, fürchten*
g	é**g** – *Himmel*, E**g**er, **g**urul – *kullern*	*gehen, gurgeln*
gy	**gy**erek – *Kind*, e**gy** – *eins*, **gy**ertya – *Kerze*	a**di**eu
h	**h**alász – *Fischer*, **h**all – *hören*	*Himmel, Hölle, Honig*
j	**j**ó – *gut*, **J**ános, má**j** – *Leber*	*jauchzen, Yoghurt, jammern*
k	**k**utya – *Hund*, **k**enyér – *Brot*, a**k**ar – *wollen*	*Kugel, klug, klebt*
l	**L**ajos, **l**evegő – *Luft*, ol**l**ó – *Schere*	*Ludwig, lautet, Linz*
ly	**ly**ukas – *löchrig*, gó**ly**a – *Storch*, ünnepé**ly** – *Feier*	*jauchzen, Yoghurt, jammern*
m	**m**a**m**a – *Mama*, **m**adár – *Vogel*	*Mutter, Melone, Muster*
n	**n**em – *nein*, **n**ő – *Frau*, en**n**i – *essen*	*nein, nah, nur*
ny	**ny**úl – *Hase*, ko**ny**ha – *Küche*	*Anja, Eau de Cologne*
p	**p**edig – *jedoch*, **p**álma – *Palme*, **p**ulyka – *Pute*, **p**ont – *Punkt*	*Péter, Palme, Pute, Punkt*

r	rozsda – *Rost*, rózsa – *Rose*, orosz – *Russe*, orr – *Nase*	*Rost, Rose, Russe*
s	iskola – *Schule*, soha – *nie*, só – *Salz*	*Schule, Schluss, ständig*
sz	szűk – *eng*, szó – *Wort*, messze – *weit*	*essen, Hals, reißen*
t	tűz – *Feuer*, tavasz – *Frühling*, tó – *See*	*tot, tüchtig, Tiger*
ty	kutya – *Hund*, tyúk – *Henne*	*Katja, Tjumen*
v	vevő – *Käufer*, van – *sein*, öv – *Gürtel*	*warm, wütend, Wurm*
z	zaj – *Lärm*, zokni – *Socke*, evez – *rudern*, zizeg – *säuseln*	*Sieg, Socke, segeln, säuseln*
zs	Zsuzsa, zsák – *Sack*, zseb – *Tasche*	*Journalist, Genie*

Im Alphabet sind auch **q, w, x, y** zu finden, die aber nur in Eigennamen oder Fremdwörtern vorkommen, z. B. **w**eboldal – *Webseite*, **x**ilofon – *Xylophon*, **Y**bl (Eigenname) **Q** wird oft als **kv** geschrieben: **kv**alitás – *Qualität*, **kv**int – *Quint*.
n vor **g** wird als [ŋ] gesprochen:
ha**n**g – *Laut*, e**n**gem – *mich*, i**n**ga – *Pendel*, gesprochen wie *eng, hängen*.

Vokale

	Beispiele	Verwandter Laut im Deutschen
a	baba – *Baby*, ablak – *Fenster*, ajtó – *Tür*	*Washington*
á	Árpád, Mária, Klára, május – *Mai*	*Aachen, heilbar*
e	Elemér, elmegy – *weggehen*	*Berg, ärgern*
é	érték – *Wert*, élet – *Leben*	*See, Steg, geben*
i	mindenki – *jeder*, miért – *warum*	*Pilz, wissen*
í	híd – *Brücke*, tanít – *lehren*	*zieht, sieht*
o	Botond (männl. Eigenname), orr – *Nase*	*Mond, blond*
ó	ló – *Pferd*, hó – *Schnee*, tó – *See*	*Boot, Bohnen*
ö	öreg – *alt*, öblös – *bauchig*	*schöpfen*
ő	nő – *Frau*, őriz – *bewahren*	*Öl, böse*
u	futás – *Lauf*, utas – *Passagier*	*Musik, Ungarn, hundert*
ú	út – *Weg*, dúl-fúl – *vor Wut schnauben*	*mutig, tun*
ü	üt – *schlagen*, ül – *sitzen*, üllő – *Amboss*	*fürchten, müssen*
ű	művelt – *gebildet*, hűvös – *kühl*	*kühn, wütend*

Die Länge der Vokale wird mit diakritischen Zeichen (**á, é, í, ó,**
ú, ő, ű), die Länge der Konsonanten durch Verdopplung markiert.
Zwischen den kurzen und langen Vokalen und Konsonanten gibt es oft
Bedeutungsunterschiede:

ha**l** – ha**ll**	*Fisch – hören*
á**l** – á**ll** – á**ll**	*pseudo- – Kinn – stehen*
örült – **ő**rült	*er/sie/es hat sich gefreut – wahnsinnig*
t**ö**r – t**ő**r	*er/sie/es zerbricht etwas – Dolch*

Bei **cs, gy, ny, ly, sz, ty, zs, dz, dzs** wird der lange Konsonant durch
Verdopplung des ersten Buchstaben gekennzeichnet: **ccs, ggy, nny, lly, ssz,
tty, zzs, ddz, ddzs**. Anders ist es bei der Worttrennung:
asszony – a**sz-sz**ony (*Frau*); frö**ccs**en – frö**cs-cs**en (*spritzen*)

- Die Vokale **a – á, e – é** unterscheiden sich nicht nur hinsichtlich
  der Länge, sondern sie werden auch anders gebildet. Sie sind keine
  tatsächlichen Paare, denn die lange Form von **a** und **e**, sowie die kurze
  von **á** und **é** gibt es nicht, bzw. nur im Dialekt.
- Die Konsonanten **j** und **ly** werden identisch ausgesprochen,
  die unterschiedliche Schreibweise ist sprachhistorisch bedingt.
- Im Ungarischen gibt es keine Diphtonge, die Vokale werden entweder
  getrennt ausgesprochen: individ**uu**m – *Individuum*, be**á**ll – *eintreten;*
  oder es wird ein schwaches **j** dazwischengeschoben:
  fáért [**fáj**ért] – *um Holz*, kuty**áé** [kuty**ájé**] – *dem Hund gehörend,*
  fia [**fija**] – *sein/ihr Sohn.*
- Es wird stets die erste Silbe betont, auch bei fremden Eigennamen
  (**No**bel-díj – *Nobelpreis*). Betonung und Länge der Vokale sind
  voneinander unabhängig. Sowohl kurze, als auch lange Vokale können
  betont werden: **ko**rona – *Krone*, **i**skola – *Schule*, **sö**pör – *fegen*,
  élet – *Leben*, **á**lom – *Traum*, **tá**ncol – *tanzen*, m**i**ért – *warum?*
- Die Wechselwirkung benachbarter Konsonanten verursacht oft eine in
  der Schrift markierte oder nicht markierte Assimilation:
  há**zt**ető [há**szt**ető] – *Hausdach*, fo**gk**efe [fo**kk**efe] – *Zahnbürste.*
  Die schriftlich markierten Lautveränderungen werden in den
  betreffenden Grammatikkapiteln behandelt.

Im Unterschied zum Deutschen werden die Konsonanten
p, t, k nicht behaucht ausgesprochen: tea – *T[h]ee.*
Endsilben und Schlusskonsonanten werden völlig sauber
ausgesprochen: tér**en** – *auf dem Platz.*
Stimmhafte Konsonanten werden auch im Auslaut stimmhaft
gesprochen: zse**b** – *Tasche*, e**dz** – *trainieren*, é**g** – *brennen*,
má**j** – *Leber*, o**rr** – *Nase.*

Vokalharmonie

Im Ungarischen wird zwischen hellen und dunklen Vokalen unterschieden.

Helle Vokale sind:	i, í, ü, ű, e, é, ö, ő
Dunkle Vokale sind:	a, á, o, ó, u, ú

Abhängig davon, was für Vokale ein Wortstamm enthält, unterscheiden wir
helle, dunkle und **gemischte** Wörter.

Helle Wörter sind: **é**p**ü**l**e**t – *Gebäude*, **ö**lt**ö**ny – *Anzug*, h**í**d – *Brücke*
Dunkle Wörter sind: h**á**z – *Haus*, b**o**lt – *Geschäft*, b**ú**t**o**r – *Möbel*
Gemischte Wörter sind: v**i**h**a**r – *Sturm*, b**o**r**í**t**é**k – *Briefumschlag*

> Das wichtigste Lautgesetz des Ungarischen ist **die Vokalharmonie**.
> Das heißt: die meisten Suffixe harmonisieren mit dem Stamm,
> an den sie angehängt werden. (▶Kapitel Das Substantiv)

Abhängig davon, wie viele Varianten ein Suffix hat, werden Suffixe mit einer,
mit zwei und mit drei Formen unterschieden.

a) Nur eine Form haben: **-ig** – *bis,* **-ként** – *als,* **-kor** – *um,* **-é** – *Besitzzeichen.*
Bei diesen Suffixen spielt die Vokalharmonie keine Rolle.

b) Die meisten Suffixe haben zwei Varianten, eine helle und eine dunkle:
-ban/-ben – *in* + Dativ, **-unk/-ünk** – Verbkonjugationssuffix 1. Person Plural
usw. Zu dunklen und gemischten Wortstämmen kommt immer die dunkle
Variante, zu hellen Wortstämmen kommt immer die helle Variante:
h**á**z**ban** – *im Haus,* **o**lva**sunk** – *wir lesen,* **é**p**ü**le**tben** – *im Gebäude,*
k**e**r**e**s**ünk** – *wir suchen,* s**o**f**ő**r**nek** – *dem Chauffeur.*

c) Bei den Suffixen **-hoz/-hez/-höz**, **-on/-en/-ön**, **-szor/-szer/-ször** hat
die helle Variante zwei Formen:
eine mit Lippenrundung: **ö**lt**ö**ny**höz** – *zum Anzug,*
eine mit Lippenspreizung: **e**b**é**d**hez** – *zum Mittagessen.*

Zusammengesetzte Wörter werden dem zweiten Teil entsprechend suffigiert:
sz**é**kl**á**b**hoz** – *zum Stuhlbein,* arc**ké**p**en** – *auf dem Porträt.*

Die hellen Vokale **i** – **í** und **é** verhalten sich aus sprachhistorischen Gründen
manchmal wie dunkle Vokale:
h**i**d**ak** – *Brücken,* **í**r**ok** – *ich schreibe,* sz**i**d**ok** – *ich schimpfe,* ny**i**t**ok** – *ich öffne,*
ny**i**l**ak** – *Pfeile,* h**é**j**a** – *seine/ihre Schale.*

Vokaldehnung

Die Stammauslautvokale **a** und **e** werden vor Suffixen (außer vor **-kor**, **-ként**
und **-képpen**) zu **á** und **é** gedehnt:

Stamm	'-t Akkusativ	'-tól/-től *von*	'-nak/-nek Dativ / *für*	'-val/-vel *mit*
mama – *Mutter*	mam**á**t	mam**á**tól	mam**á**nak	mam**á**val
kutya – *Hund*	kuty**á**t	kuty**á**tól	kuty**á**nak	kuty**á**val
cseresznye – *Süßkirsche*	cseresny**é**t	cseresny**é**től	cseresny**é**nek	cseresny**é**vel
medence – *Becken*	medenc**é**t	medenc**é**től	medenc**é**nek	medenc**é**vel

2 | Das Verb

Die Besonderheiten des ungarischen Verbs

Im Ungarischen enthält die konjugierte Verbform mehr Informationen als in den meisten indoeuropäischen Sprachen. Die ungarischen Verbalsuffixe weisen nicht nur auf die Person und den Numerus des Subjekts hin, sondern auch auf das **Akkusativobjekt**. Verben, die ein Akkusativobjekt bei sich haben können, sind **transitiv**, Verben, die kein Akkusativobjekt haben, sind **intransitiv**.

néz**ek** – *ich schaue*: Ohne besonderes Ziel schaue ich nur vor mich hin.
néz**em** – *ich betrachte es / ich sehe es mir an*: Ich betrachte ein
               bestimmtes Objekt.
néz**lek** – *ich betrachte dich*: Meine Handlung richtet sich auf dich.

Nur das Akkusativobjekt hat einen so großen Einfluss auf die Konjugationsparadigma.

Grundform des Verbs

Die Grundform des ungarischen Verbs ist die 3. Person Singular, unbestimmte Konjugation, Präsens, Indikativ. Diese Verbform wird fast immer als **Stammform** angegeben. Von dieser Form ist sofort abzulesen, ob das Verb ein so genanntes **-ik**-Verb oder ein „normales" Verb ohne Endung in der 3. Person Singular ist. Die Suffixe werden immer direkt an den Stamm angefügt.

ül (Stammform) – *er/sie/es sitzt* → **ül**sz – *du sitzt*, **ül**nek – *sie sitzen*

Nur die **-ik**-Verben haben in der Stammform die Endung **-ik**:
lakik (Stammform) – *er/sie wohnt* → **lak**sz – *du wohnst*, **lak**nak – *sie wohnen*.

Konjugation des Verbs

Mit den Verbformen werden folgende Informationen angegeben:

Person und **Numerus** des grammatischen Subjekts	Welche Person steht / Wie viele Personen stehen im Mittelpunkt des Satzes, wer übt die Handlung aus?
Bestimmtheit oder **Unbestimmtheit**, bzw. das Vorhandensein oder Fehlen eines bestimmten Akkusativobjekts	Worauf richtet sich die Handlung? (▶siehe oben)
Tempus	Wann spielt sich die Handlung ab, wann geschieht das Ereignis?

Aspekt	Ist das Ereignis abgeschlossen oder im Verlauf begriffen?
Modus	Wie steht der Sprecher zu Aussage und Situation z. B. Aufforderung, Befehl, Bedingung usw.
Genus Verbi – Aktiv und Passiv	Bei aktiven Ereignissen ist die handelnde Person bekannt, wichtig, bei passiven ist sie entweder unbekannt oder es handelt sich um ein Geschehen.

Struktur des Verbs

Aspekt	Stamm	Tempus / Modus	Person / Numerus	Beispiel
		-t	-ünk	**kér**tünk (téged) – *wir haben dich um etwas gebeten*
meg-	**kér**	-né	-m	meg**kér**ném (önt) – *ich würde Sie um etwas bitten*
meg-		-j	-em	meg**kér**jem (őt)? – *soll ich ihn/sie um etwas bitten?*

⇨ ⇦ Die Personalpronomen, die das Subjekt und weitere Objekte bezeichnen, werden nur verwendet, wenn sie besonders betont sind.

Das Pronomen ist nicht betont.	Das Pronomen ist betont.
Vettem egy könyvet. *Ich habe ein Buch gekauft.*	**Én** vettem ezt a könyvet, és nem te. *Ich habe dieses Buch gekauft, und nicht du.*
Itt jön Péter. Látod? *Hier kommt Péter. Siehst du ihn?*	Csak a kocsiját látom, de **őt** nem. *Ich sehe nur sein Auto, aber ihn nicht.*

Person und Numerus des grammatischen Subjekts, Bestimmtheit oder Unbestimmtheit des Akkusativobjekts

Es gibt zwei voneinander abweichende Konjugationsparadigmen des ungarischen Verbs.

a) unbestimmte Konjugation
Ist das Akkusativobjekt unbestimmt oder gibt es kein Akkusativobjekt im Satz, wird das Verb unbestimmt konjugiert.

Das Akkusativobjekt ist unbestimmt:
Könyvet vesz**ek**. / Vesz**ek** egy könyvet. *Ich kaufe ein Buch.*

Im Satz gibt es kein Akkusativobjekt:
Iskolába megy**ek**.   *Ich gehe in die Schule.*
Ír**ok**.   *Ich schreibe.*

Bei den transitiven Verben werden in den Konjugationstabellen bei der
1. Person Singular, unbestimmte Konjugation, zwei Formen angegeben:

- Die erste Form ist die allgemeine **ich**-Form: hall**ok** – *ich höre*,
  becsül**ök** – *ich schätze*.
- Die zweite Form, die **-lak/-lek**-Form, wird benutzt, wenn die Handlung der
  1. Person Singular (*ich*) sich auf die 2. Person Singular oder 2. Person Plural
  bezieht, also eine *dich/euch*-Bedeutung hat: hall**lak** – *ich höre dich/euch*,
  becsül**lek** – *ich schätze dich/euch*.

Diese Formen gehören in die unbestimmte Konjugationsgruppe.
(▶Kapitel Die Struktur des Satzes)

b) bestimmte Konjugation
Bezeichnet das Akkusativobjekt eine bestimmte Person oder ein konkretes
Ding, auf die/das sich die Handlung bezieht, wird das Verb bestimmt
konjugiert.

Das Akkusativobjekt ist bestimmt (▶Kapitel Akkusativobjekte), z. B.:
Megvesz**em** a könyvet.   *Ich kaufe das Buch.*

Tempus

Im Ungarischen gibt es nur **drei Tempora:**

jelen idő	*Präsens*	*Gegenwart*
múlt idő	*Präteritum*	*Vergangenheit*
jövő idő	*Futur*	*Zukunft*

Im **Präsens** steht das Verb, wenn die Handlung mit der Sprechzeit parallel
abläuft; im **Präteritum**, wenn die Handlung bereits vor der Sprechzeit ablief,
und im **Futur**, wenn die Handlung erst nach der Sprechzeit ablaufen wird.

Konjugation der regelmäßigen Verben im Präsens Indikativ

Um sich die Konjugationen einzuprägen, wird empfohlen, sie in festen
Wortverbindungen zu lernen!

	Dunkle Vokale	
	Unbestimmt *auf jemanden warten*	**Bestimmt** *auf den Bus warten*
én – *ich*	valakit vár**ok**	vár**om** a buszt
	vár**lak** – *ich warte auf dich/euch*	–
te – *du*	valakit vár**sz**	vár**od** a buszt
ő – *er/sie/es*	valakit vár	vár**ja** a buszt
mi – *wir*	valakit vár**unk**	vár**juk** a buszt
ti – *ihr*	valakit vár**tok**	vár**játok** a buszt
ők – *sie*	valakit vár**nak**	vár**ják** a buszt

	Helle Vokale	
	Unbestimmt *Blumen pflücken*	**Bestimmt** *das Obst pflücken*
(én)	virágot szed**ek**	szed**em** a gyümölcsöt
	leszed**lek** (a magas fáról) – *ich hole* *dich (vom hohen Baum) herunter*	–
(te)	virágot szed**sz**	szed**ed** a gyümölcsöt
(ő)	virágot szed	szed**i** a gyümölcsöt
(mi)	virágot szed**ünk**	szed**jük** a gyümölcsöt
(ti)	virágot szed**tek**	szed**itek** a gyümölcsöt
(ők)	virágot szed**nek**	szed**ik** a gyümölcsöt

	ö, ő, ü, ű in der letzten Stammsilbe	
	Unbestimmt *Strümpfe stricken*	**Bestimmt** *den Sack zuschnüren*
(én)	zoknit köt**ök**	beköt**öm** a zsákot
	(magamhoz) köt**lek** – *ich binde dich/euch an mich*	–
(te)	zoknit köt**sz**	beköt**öd** a zsákot
(ő)	zoknit köt	beköt**i** a zsákot
(mi)	zoknit köt**ünk**	beköt**jük** a zsákot
(ti)	zoknit köt**tök**	beköt**itek** a zsákot
(ők)	zoknit köt**nek**	beköt**ik** a zsákot

Verben auf -**r**, -**l**, -**j**, -**v**, -**n**, -**ny**, -**d**, -**gy**, -**p**, -**k** werden regelmäßig konjugiert. Sämtliche Konjugationsmuster sind in den *PONS Verbtabellen Ungarisch* zu finden.

Die Verbkonjugation im Präteritum

Das Vergangenheitszeichen ist -**t** oder -**tt** + **Bindevokal**. Je nachdem, ob das Zeichen in seiner kurzen oder in seiner langen Form dem Verbstamm angefügt wird, werden drei Typen der Verben unterschieden.

a) Präteritumzeichen -t: bei Verbalstämmen auf **-l, -r, -n, -j,**
bei den zweisilbigen Verbalstämmen und bei vielen Verben auf **-ad, -ed.**

	Dunkle und gemischte Verben vár – *warten*	
	Unbestimmt	**Bestimmt**
(én)	valakit vár**tam**	vár**tam** a buszt
	vár**talak** – *ich wartete auf dich/ euch*	–
(te)	valakit vár**tál**	vár**tad** a buszt
(ő)	valakit vár**t**	vár**ta** a buszt
(mi)	valakit vár**tunk**	vár**tuk** a buszt
(ti)	valakit vár**tatok**	vár**tátok** a buszt
(ők)	valakit vár**tak**	vár**ták** a buszt

	e-Stamm beszél – *sprechen*		ö-/ü-Stamm gyűr – *zerknittern*	
	Unbestimmt	**Bestimmt**	**Unbestimmt**	**Bestimmt**
(én)	beszél**tem**	beszél**tem**	gyűr**tem**	gyűr**tem**
	(rá)beszél**telek**	–	gyűr**telek**	–
(te)	beszél**tél**	beszél**ted**	gyűr**tél**	gyűr**ted**
(ő)	beszél**t**	beszél**te**	gyűr**t**	gyűr**te**
(mi)	beszél**tünk**	beszél**tük**	gyűr**tünk**	gyűr**tük**
(ti)	beszél**tetek**	beszél**tétek**	gyűr**tetek**	gyűr**tétek**
(ők)	beszél**tek**	beszél**ték**	gyűr**tek**	gyűr**ték**

b) Präteritumzeichen -ott/-ett/-ött: bei Verbalstämmen auf **-ít**, Konsonant +
-t; bei allen einsilbigen Verbalstämmen auf **-t**.

	Dunkle und gemischte Verben tanít – *lehren*	
	Unbestimmt	**Bestimmt**
(én)	valakit tanít**ottam**	tanít**ottam**
	tanít**ottalak** – *ich lehrte dich/ euch*	–
(te)	valakit tanít**ottál**	tanít**ottad**
(ő)	valakit tanít**ott**	tanít**otta**
(mi)	valakit tanít**ottunk**	tanít**ottuk**
(ti)	valakit tanít**ottatok**	tanít**ottátok**
(ők)	valakit tanít**ottak**	tanít**ották**

e-Stamm vet – *säen*		ö-/ü-Stamm üt – *schlagen*	
Unbestimmt	**Bestimmt**	**Unbestimmt**	**Bestimmt**
(én)	vet**ettem**	vet**ettem**	üt**öttem**	üt**öttem**
	vet**ettelek**	–	üt**öttelek**	–
(te)	vet**ettél**	vet**etted**	üt**öttél**	üt**ötted**
(ő)	vet**ett**	vet**ette**	üt**ött**	üt**ötte**
(mi)	vet**ettünk**	vet**ettük**	üt**öttünk**	üt**öttük**
(ti)	vet**ettetek**	vet**ettétek**	üt**öttetek**	üt**öttétek**
(ők)	vet**ettek**	vet**ették**	üt**öttek**	üt**ötték**

c) Die übrigen Verben gehören in die „**Mischgruppe**":
Präteritumzeichen ist **-t;** nur in der 3. Person Singular, unbestimmte
Konjugation ist es **-ott/-ett/-ött**:

Dunkle und gemischte Verben mond – *sagen*	
Unbestimmt	**Bestimmt**
(én)	mond**tam**	mond**tam**
	(meg)mond**talak** – *ich verpetzte dich/euch*	–
(te)	mond**tál**	mond**tad**
(ő)	mond**ott**	mond**ta**
(mi)	mond**tunk**	mond**tuk**
(ti)	mond**tatok**	mond**tátok**
(ők)	mond**tak**	mond**ták**

e-Stamm enged – *lassen*		ö-/ü-Stamm küld – *schicken*	
Unbestimmt	**Bestimmt**	**Unbestimmt**	**Bestimmt**
(én)	enged**tem**	enged**tem**	küld**tem**	küld**tem**
	enged**telek**	–	küld**telek**	–
(te)	enged**tél**	enged**ted**	küld**tél**	küld**ted**
(ő)	enged**ett**	enged**te**	küld**ött**	küld**te**
(mi)	enged**tünk**	enged**tük**	küld**tünk**	küld**tük**
(ti)	enged**tetek**	enged**tétek**	küld**tetek**	küld**tétek**
(ők)	enged**tek**	enged**ték**	küld**tek**	küld**ték**

Die Verbkonjugation im Futur

Um ein Verb in die Zukunft zu setzen, muss lediglich die Konjugation des
Hilfsverbs **fog** (*werden*) und die Infinitivform des Verbs verwendet werden.
(▶Kapitel Der Infinitiv) Abhängig vom Akkusativobjekt wird **fog** bestimmt
oder unbestimmt konjugiert.

	meghív – *einladen*	
	Unbestimmt	**Bestimmt**
(én)	valakit meg fog**ok** hívni *Ich werde jemanden einladen*	meg fog**om** hívni Pétert *Ich werde Peter einladen*
	meg fog**lak** hívni (téged/titeket)	–
(te)	valakit meg fog**sz** hívni	meg fog**od** hívni Pétert
(ő)	valakit meg fog hívni	meg fog**ja** hívni Pétert
(mi)	valakit meg fog**unk** hívni	meg fog**juk** hívni Pétert
(ti)	valakit meg fog**tok** hívni	meg fog**játok** hívni Pétert
(ők)	valakit meg fog**nak** hívni	meg fog**ják** hívni Pétert

Aspekt

Handlungen und Geschehnisse können als vollendetes Ganzes oder im Verlauf
begriffen dargestellt werden; entsprechend unterscheidet man im Ungarischen
zwei Aspekte: **imperfektiv** (unvollendet) und **perfektiv** (vollendet).

Die **Verbalpräfixe** sind die wichtigsten Mittel, die Perfektivität des Verbs
auszudrücken. Steht das Präfix vor dem Verbstamm, wird die Handlung als
vollendet dargestellt. Die Konjugationsendungen weisen auf Vollendetheit/
Unvollendetheit nicht hin. (Mehr dazu ▶Kapitel Die Verbalpräfixe)

	Imperfektiv **(unvollendet)**	**Perfektiv** **(vollendet)**
jelen idő **Gegenwart**	Péter almát eszik. *Péter isst einen Apfel/* *Äpfel.*	Péter **meg**eszi az almát. *Péter isst den Apfel auf.*
múlt idő **Vergangenheit**	Péter almát evett. *Péter aß einen Apfel/* *Äpfel.*	Péter **meg**ette az almát. *Péter hat den Apfel aufgegessen.*
jövő idő **Zukunft**	Péter almát fog enni. *Péter wird einen* *Apfel/Äpfel essen.* (selten gebraucht)	Péter **meg** fogja enni az almát. Péter **meg** fog enni egy almát. *Péter wird den Apfel/einen Apfel* *aufessen.*

Zwischen Aspekt und Bestimmtheit-Unbestimmtheit des Verbs gibt es keine eins-zu-eins Entsprechung.

Unbestimmtes Verb in imperfektiver Situation:	
Írok egy levelet.	*Ich schreibe einen Brief.*
Unbestimmtes Verb in perfektiver Situation:	
Megírok egy levelet.	*Ich schreibe einen Brief fertig.*
Bestimmtes Verb in imperfektiver Situation:	
Írom a levelet.	*Ich schreibe (gerade) einen Brief./ Ich bin beim Briefschreiben.*
Bestimmtes Verb in perfektiver Situation:	
Megírom a levelet.	*Ich schreibe den Brief fertig.*

In perfektiven Situationen kann das Verb nicht mit einem artikellosen Akkusativobjekt erweitert werden: *Megírok levelet. – falsch.

Modus

Im Ungarischen werden drei Modi unterschieden:

kijelető mód	**Indikativ**	*Wirklichkeitsform*
kötőmód	**Konjunktiv**	*Wunsch- und Befehlsform*
feltételes mód	**Konditional**	*Bedingungsform*

a) Der **Indikativ** drückt aus, was sicher, tatsächlich geschehen ist/war/wird.

b) Die Grundfunktion des **Konjunktiv**s ist die Bezeichnung von Ereignissen, die geplant, gewünscht, beabsichtigt und im Moment der Aussage noch nicht durchgeführt, verwirklicht sind.

In folgenden Situationen steht das Verb im Konjunktiv:

Aufforderungen und besonders nachdrückliche Verbote (imperative Funktion):

Gyere ide! – *Komm her!* Ülj le a helyedre! – *Setz dich auf deinen Platz!* Nehogy leülj! – *Nicht dass du dich hinsetzt!*

Indirekte Bitte, Wunsch, Frage, Aufforderung, Verbot – *hogy*-Sätze (*soll*-Sätze):

Megengeded, hogy elvigyem a kocsit?	*Erlaubst du, dass ich das Auto nehme?*
Mondd, elinduljak?	*Sag, soll ich losgehen?*

A mama megtiltotta, hogy felvegyem az új cipőmet.
Die Mama hat mir verboten, dass ich die neuen Schuhe anziehe.

In *hogy*-Sätzen – mit finaler Bedeutung:

– untergeordnete Finalsätze:

Azért jött, hogy felvágja a fát.	*Er/sie kam, um das Holz zu zerhacken.*
Eljött, hogy elvigyen magával.	*Er/sie kam, um mich mitzunehmen.*

– untergeordnete Sätze, in denen ein geplantes, gewünschtes Ereignis dargestellt ist:

Arra várok, hogy kinyissák a boltot.	*Ich warte darauf, dass der Laden öffnet.*
Azt akartam, hogy eladjuk a kocsit.	*Ich wollte, dass wir das Auto verkaufen.*
Fontos, hogy holnap elutazzunk a konferenciára.	*Es ist wichtig, dass wir morgen zur Konferenz fahren.*

Aufforderungen, in die der Sprecher mit einbezogen ist:

Menjünk már!	*Lasst uns endlich gehen!*
Gyerünk!	*Los, gehen wir!*

Konjugation des Verbs im Konjunktiv

	Unbestimmt *auf jemanden warten*	Bestimmt *auf den Briefträger warten*
(én)	vár**jak** valakit	vár**jam** a postást
	Megvár**jalak** (téged/titeket)?	–
(te)	vár**j**/vár**jál** valakit	vár**d** (vár**jad**) a postást
(ő)	vár**jon** valakit	vár**ja** a postást
(mi)	vár**junk** valakit	vár**juk** a postást
(ti)	vár**jatok** valakit	vár**játok** a postást
(ők)	vár**janak** valakit	vár**ják** a postást

	Unbestimmt *etwas pflücken, auflesen*	Bestimmt *das Obst auflesen*
(én)	szed**jek** valamit	szed**jem** össze a gyümölcsöt
	Felszed**jelek** téged/titeket?	–
(te)	szed**j** valamit	szed**d** (szed**jed**) össze a gyümölcsöt
(ő)	szed**jen** valamit	szed**je** össze a gyümölcsöt
(mi)	szed**jünk** valamit	szed**jük** össze a gyümölcsöt
(ti)	szed**jetek** valamit	szed**jétek** össze a gyümölcsöt
(ők)	szed**jene**k valamit	szed**jék** össze a gyümölcsöt

	Unbestimmt *etwas umgehen*	Bestimmt *Péter nicht meiden*
(én)	kerül**jek** el valamit	ne kerül**jem** el Pétert
	Nehogy elkerül**jelek** téged/titeket!	–
(te)	kerül**j**/kerül**jél** el valamit	ne kerül**d** (kerül**jed**) el Pétert
(ő)	kerül**jön** el valamit	ne kerül**je** el Pétert
(mi)	kerül**jünk** el valamit	ne kerül**jük** el Pétert
(ti)	kerül**jetek** el valamit	ne kerül**jétek** el Pétert
(ők)	kerül**jenek** el valamit	ne kerül**jék** el Pétert

In Aufforderungen steht das Verbalpräfix nach dem Verb:

Gyere ide! – *Komm her!*	Ülj le! – *Setz dich!*

c) Mit dem **Konditional** werden Handlungen ausgedrückt, deren Verwirklichung an eine Bedingung gebunden ist.

Konditional Präsens wird aus dem Infinitivstamm des Verbs gebildet.
(▶ Kapitel Der Infinitiv)

	Unbestimmt	Bestimmt
(én)	várn**ék** valakit *ich würde auf jemanden warten*	várn**ám** a postást *ich würde auf den Briefträger warten*
	megvárn**álak** (téged) *ich würde auf dich warten*	–
(te)	várn**ál** valakit	várn**ád** a postást
(ő)	várn**a** valakit	várn**á** a postás
(mi)	várn**ánk** valakit	várn**ánk** a postást
(ti)	várn**átok** valakit	várn**átok** a postást
(ők)	várn**ának** valakit	várn**ák** a postást

	Unbestimmt	Bestimmt
(én)	enn**ék** valamit *ich würde etwas essen*	megenn**ém** a fagylaltot *ich würde das Eis aufessen*
	Megenn**élek** – mondja a farkas Piroskának. *Ich würde dich aufessen –* *sagt der Wolf zu Rotkäppchen.*	–
(te)	enn**él** valamit	megenn**éd** a fagylaltot
(ő)	enn**e** valamit	megenn**é** a fagylaltot
(mi)	enn**énk** valamit	megenn**énk** a fagylaltot
(ti)	enn**étek** valamit	megenn**étek** a fagylaltot
(ők)	enn**ének** valamit	megenn**ék** a fagylaltot

- In der 1. Person Singular Präsens der unbestimmten Konjugation ist die Vokalharmonie nicht wirksam. Auch dunkle Verben bekommen die Endung **-ék**: lenn**ék** – *ich wäre,* várn**ék** – *ich würde warten,* aludn**ék** – *ich würde schlafen.*

- In der 1. und 2. Person Plural gibt es keinen Unterschied zwischen der bestimmten und unbestimmten Konjugation:

  Szívesen várn**ánk** Pétert. – *Wir würden gern auf Péter warten.*
  Szívesen várn**ánk** mindenkit. – *Wir würden gern auf alle warten.*

- In der 1. Person Plural (bestimmt und unbestimmt) und in der 3. Person Plural, bestimmte Konjugation sind die Endungen leicht zu verwechseln:

  Ha jobban figyeln**ének** (ők), biztosan megtaláln**ák** a hibákat.
  Wenn sie besser aufpassen würden, würden sie die Fehler sicher finden.
  Ha jobban figyeln**énk** (mi), biztosan meglátn**ánk** a hibákat.
  Wenn wir besser aufpassen würden, würden wir die Fehler sicher finden.

Konditional Präteritum wird aus der **Indikativ-Präteritumform des Verbs + volna** gebildet:

	Unbestimmt	Bestimmt
(én)	vár**tam volna** valakit *ich hätte auf jemanden gewartet*	vár**tam volna** a postást *ich hätte auf den Briefträger gewartet*
	vár**talak volna** (téged/titeket)	–
(te)	vár**tál volna** valakit	vár**tad volna** a postást
(ő)	vár**t volna** valakit	vár**ta volna** a postást
(mi)	vár**tunk volna** valakit	vár**tuk volna** a postást
(ti)	vár**tatok volna** valakit	vár**tátok volna** a postást
(ők)	vár**tak volna** valakit	vár**ták volna** a postást

	Unbestimmt	Bestimmt
(én)	ett**em volna** valamit *ich hätte etwas gegessen*	megett**em volna** a fagylaltot *ich hätte das Eis aufgegessen*
	megett**elek volna** (téged) *ich hätte dich aufgegessen*	–
(te)	ett**él volna** valamit	megett**ed volna**
(ő)	ev**ett volna** valamit	megett**e volna**
(mi)	ett**ünk volna** valamit	megett**ük volna**
(ti)	ett**etek volna** valamit	megett**étek volna**
(ők)	ett**ek volna** valamit	megett**ék volna**

Genus Verbi – Aktiv und Passiv

Wird eine Handlung von einer bestimmten Person – als grammatisches Subjekt des Satzes – bewusst, gewollt ausgeführt, findet eine **aktive Handlung** statt. Der Satz steht im Aktiv. In **Geschehnissen** gibt es keine handelnde Person, keine bewusst, gewollt ausgeübte Handlung, der Prozess selbst steht im Mittelpunkt. Diese Sätze haben eine passivische Färbung. Im Ungarischen gibt es kein selbständiges Konjugationsparadigma für das Passiv, sondern es gibt verschiedene Möglichkeiten, solche Vorgänge darzustellen.

-ik-Verben	Az ajtó becsukód**ik**. – *Die Tür schließt sich.* A váza eltört. (Grundform: eltör**ik***)* *Die Vase ist zerbrochen.*
3. Person Plural	Csönget**nek**. – *Es klingelt. (*wörtlich*: Sie klingeln.)* Kopognak. – *Es klopft. (*wörtlich*: Sie klopfen.)*
1. Person Plural	Majd megcsinál**juk**! – *Es wird bald gemacht!* Siessünk, siessünk! – *Beeilen wir uns!*
kell + Infinitiv	Ezt a hibát gyorsan ki **kell** javítani. *Dieser Fehler muss schnell verbessert werden.*

Endung **-ható/-hető** **-hatatlan/-hetetlen**	A probléma megold**ható**. – *Das Problem ist zu lösen.* A feladat megold**hatatlan**. – *Diese Aufgabe ist nicht zu lösen.*
Partizip Präsens	Ez a ház elad**ó**. – *Dieses Haus ist zu verkaufen.* (▶Kapitel Partizip Präsens)
Adverbialpartizip **+ van**	A bolt be **van** zárva. – *Der Laden ist geschlossen.* (▶Kapitel Das Adverbialpartizip)

Die Hilfsverben

Hilfsverben haben keine eigenständige Bedeutung, man braucht sie, um zusammengesetzte Verbformen zu bilden. Mit Hilfe von **fog** bildet man das Futur (▶Kapitel Tempus), mit **volna** das Konditional Präteritum (▶Kapitel Modus).

Zu den Hilfsverben gehören auch die **Modalverben**:

Mari **szeret** zongorázni.	*Mari spielt gern Klavier.* (wörtlich: *Mari liebt es, Klavier zu spielen.*)
Marinak zongoráznia **kell**.	*Mari muss Klavier spielen.*

Einige Modalverben werden nicht mehr konjugiert, z. B. **kell**:

El **kell** mennem.   *Ich muss gehen.*

Neben den Modalverben gibt es die sogenannten **Modaladjektive**. Sie haben die gleiche Funktion wie die Modalverben, gehören aber zur Wortart der Adjektive, z. B. szabad – *frei*, szükséges – *notwendig*, fontos – *wichtig*.

El **szabad** mennem.   *Ich darf weggehen.* (szabad = *frei*)

Konjugationsparadigmen der konjugierbaren Modalverben:

	Unbestimmt	Bestimmt
(én)	menni akar**ok** – *ich will gehen* el akar**ok** menni – *ich will weggehen*	meg akar**om** főzni a krumplit *ich will die Kartoffeln kochen*
(te)	menni akar**sz** el akar**sz** menni	meg akar**od** főzni a krumplit
(ő)	menni akar el akar menni	meg akar**ja** főzni a krumplit
(mi)	menni akar**unk** el akar**unk** menni	meg akar**juk** főzni a krumplit
(ti)	menni akar**tok** el akar**tok** menni	meg akar**játok** főzni a krumplit
(ők)	menni akar**nak** el akar**nak** menni	meg akar**ják** főzni a krumplit

	Unbestimmt	Bestimmt
(én)	tud**ok** menni – *ich kann gehen* el tud**ok** menni – *ich kann weggehen*	meg tud**om** főzni a krumplit *ich kann die Kartoffeln kochen*
(te)	tud**sz** menni el tud**sz** menni	meg tud**od** főzni a krumplit
(ő)	tud menni el tud menni	meg tud**ja** főzni a krumplit
(mi)	tud**unk** menni el tud**unk** menni	meg tud**juk** főzni a krumplit
(ti)	tud**tok** menni el tud**tok** menni	meg tud**játok** főzni a krumplit
(ők)	tud**nak** menni el tud**nak** menni	meg tud**ják** főzni a krumplit

Szeretne ist im eigentlichen Sinne kein Modalverb, sondern die Konditional-
form des Verbs **szeret** – *lieben, mögen*. Es wird bei höflichen Wunsch- und
Willensäußerungen verwendet.

	Unbestimmt	Bestimmt
(én)	szeret**nék** elindulni/ el szeret**nék** indulni *ich möchte gern losgehen*	szeret**ném** megfőzni a töltöttpaprikát *ich möchte den gefüllten Paprika kochen*
(te)	szeret**nél** elindulni el szeret**nél** indulni	szeret**néd** megfőzni a töltöttpaprikát
(ő)	szeret**ne** elindulni el szeret**ne** indulni	szeret**né** megfőzni a töltöttpaprikát
(mi)	szeret**nénk** elindulni el szeret**nénk** indulni	szeret**nénk** megfőzni a töltöttpaprikát
(ti)	szeret**nétek** elindulni el szeret**nétek** indulni	szeret**nétek** megfőzni a töltöttpaprikát
(ők)	szeret**nének** elindulni el szeret**nének** indulni	szeret**nék** megfőzni a töltöttpaprikát

Gebrauch der nicht konjugierbaren Modalkonstruktionen

Bei nicht konjugierbaren Modalverben und Modaladjektiven wird die
Infinitivform flektiert (▶Kapitel Der Infinitiv), um den Bezug zur gemeinten
Person herzustellen. In diesen Konstruktionen steht das Subjekt nicht im
Nominativ, sondern bekommt die Adverbialendung **-nak/-nek** (oder in
betonten Fällen die pronominale Form von -nak/-nek):

kell – *müssen*

(nekem)	dolgoznom kell *ich muss arbeiten*	el kell mennem *ich muss losgehen*
(neked)	dolgoznod kell	el kell menned
(neki)	dolgoznia kell	el kell mennie
(nekünk)	dolgoznunk kell	el kell mennünk
(nektek)	dolgoznotok kell	el kell mennetek
(nekik)	dolgozniuk kell	el kell menniük

lehet* – *möglich sein, können*

(nekem)	lehet dolgoznom *es ist mir möglich zu* *arbeiten/ich kann arbeiten*	el lehet mennem *es ist mir möglich wegzugehen/ich* *kann weggehen*
(neked)	lehet dolgoznod	el lehet menned
(neki)	lehet dolgoznia	el lehet mennie
(nekünk)	lehet dolgoznunk	el lehet mennünk
(nektek)	lehet dolgoznotok	el lehet mennetek
(nekik)	lehet dolgozniuk	el lehet menniük

szabad – *dürfen*

(nekem)	szabad dolgoznom *ich darf arbeiten*	el szabad mennem *ich darf weggehen*
(neked)	szabad dolgoznod	el szabad menned
(neki)	szabad dolgoznia	el szabad mennie
(nekünk)	szabad dolgoznunk	el szabad mennünk
(nektek)	szabad dolgoznotok	el szabad mennetek
(nekik)	szabad dolgozniuk	el szabad menniük

fontos – *wichtig sein*

(nekem)	fontos dolgoznom *es ist wichtig, dass ich* *arbeite*	fontos elmennem *es ist wichtig, dass ich weggehe*
(neked)	fontos dolgoznod	fontos elmenned
(neki)	fontos dolgoznia	fontos elmennie
(nekünk)	fontos dolgoznunk	fontos elmennünk
(nektek)	fontos dolgoznotok	fontos elmennetek
(nekik)	fontos dolgozniuk	fontos elmenniük

*Statt **lehet** wird oft das Suffix **-hat/-het** gebraucht. Es hat fast die gleiche Funktion wie lehet: elme**het**ek/el lehet mennem.

Ähnlich funktionieren auch: tilos – *verboten sein* und muszáj – *es ist ein Muss*.

In neutral betonten Sätzen steht das Hilfsverb zwischen Präfix und Infinitivform:

Neutral betonter Satz:	Satz mit betontem Satzglied:
El akarom olvasni ezt a könyvet.	Ezt a könyvet **akarom elolvasni**.
Ich will dieses Buch lesen.	*Dieses Buch möchte ich lesen.*
Haza kell jönnöm.	Korán **kell hazajönnöm**.
Ich muss nach Hause kommen.	*Früh muss ich nach Hause kommen.*

Zusammenfassung zum Gebrauch von Modi und Modalverben

akar – *wollen*	Innerer oder äußerer Wille; Absicht	Ma korán **akarok** lefelküdni. *Heute will ich zeitig zu Bett gehen.* Azt **akarom**, hogy Pistike ma korán feküdjön le. *Ich will, dass Pistike heute zeitig zu Bett geht.*
kell – *müssen*	Notwendigkeit	Meg **kell** írnom a levelet. *Ich muss den Brief (fertig)schreiben.*
	Befehl, Aufforderung	Háromra oda **kell** érned. *Um 3 Uhr musst du dort ankommen.*
	Indirekte Aufforderung	Azt mondta János, hogy ötre a kórház előtt **kell** lennem. *János hat gesagt, dass ich um 5 Uhr vorm Krankenhaus sein muss.*
	Wahrscheinlichkeit	Marinak ötre már haza **kellett volna** érnie. *Mari hätte schon um 5 Uhr zu Hause ankommen müssen.*
	Unpersönliche Aufforderung	Be **kellene** csukni az ablakot. *Man müsste das Fenster zumachen.*
	Als Frage formulierte höfliche Aufforderung	Nem **kellene** indulnunk? *Müssten wir nicht losgehen?*
kell – *brauchen, benötigen*	Als selbständiges, prädikatbildendes Vollverb	Nem **kell** a segítséged. *Ich brauche deine Hilfe nicht.* A levesbe még **kell** egy kis só. *In die Suppe muss noch etwas Salz.* A gyereknek **kell** egy új nadrág. *Das Kind braucht eine neue Hose.*
szeretne – *möchte gern*	Wunsch, Wille – höflicher als **akar**	El **szeretnék** utazni a Riviérára. *Ich möchte gern an die Riviera fahren.*
	Beim Bestellen und Einkaufen	**Szeretnék** egy zöld szoknyát. *Ich möchte gern einen grünen Rock.*

lehet – es ist möglich, können	Möglichkeit	Ebbe az utcába **nem lehet** behajtani, mert lezárták az utat. *In diese Straße kann man nicht* *hineinfahren, denn sie ist gesperrt.* Ez a hús olyan sós, hogy **nem lehet** megenni. *Dieses Fleisch ist so salzig, dass man es* *nicht essen kann.*
tud – können, wissen	Fähigkeit	Jánoska már **tud** járni, pedig még csak 9 hónapos. *Jánoska kann schon laufen,* *obwohl er erst 9 Monate alt ist.* Mari nagyon jól **tudja** a matekot. *Mari kann Mathe sehr gut.*
	Informiert sein	– Hallottad, hogy János megnősült? – Igen, **tudom**. *– Hast du gehört, dass János geheiratet hat?* *– Ja, ich weiß.*
	Höfliche Frage, Erkundigung	Meg **tudná** mondani, mennyi az idő? *Könnten Sie mir sagen, wie spät es ist?* Nem **tudná** megmondani, hogy jutok el a Csalogány utcába? (mit Verneinungs- partikel nem!) *Könnten Sie mir sagen, wie ich in die* *Csalogány-Straße komme?*
	Höfliche Aufforderung	El **tudnád** intézni még ezt az ügyet? *Könntest du noch diese Sache erledigen?*
szabad – dürfen	Erlaubnis	Ebbe az utcába nem **szabad** behajtani, mert egyirányú. *In diese Straße darf man nicht* *hineinfahren, weil es eine Einbahnstraße ist.*
	Höfliche Frage nach Erlaubnis	Be **szabad** jönnöm? *Darf ich reinkommen?*
-hat/ -het – dürfen	Erlaubnis, Möglich- keit, Fähigkeit (ich kann, ich darf, es ist erlaubt...)	Augusztusban elme**het**ek szabadságra. *Im August kann ich in Urlaub gehen.*
	Höfliche Frage nach Erlaubnis	Bejö**het**ek? – *Kann ich reinkommen?* Kinyit**hat**om az ablakot? *Darf ich das Fenster aufmachen?* Elkísér**het**ném a buszmegállóig? *Darf ich Sie zur Bushaltestelle begleiten?*
	Aufforderung mit Vorwurf	Végre egyszer te is felhív**hat**nál! *Irgendwann könntest auch du mich* *einmal anrufen!*
	Bedächtige Aufforderung (der Sprecher hat Angst vor Zurückweisung)	Eljö**het**nél velem végre egyszer nyaralni! *Du könntest endlich einmal mit mir in den* *Urlaub kommen!*

Imperativ	Aufforderung, Befehl (+ Verbot)	Gyere ide! – *Komm her!* Vidd ki a kutyát a szobából! *Nimm den Hund aus dem Zimmer!* Ne ülj annyit a számítógép előtt! *Sitze nicht so viel vor dem Computer!*
	Indirekte Aufforderung	A tanár azt mondta, hogy tanuljuk meg a szabályokat. *Der Lehrer hat gesagt, wir sollen die Regeln lernen.* Kérlek, takarítsd ki a szobádat! *Ich bitte dich, mache dein Zimmer sauber!*
	Frage nach der Aufforderung / Erlaubnis	Megcsináljam az ebédet? *Soll ich das Mittagessen machen?* Ne hozzam magammal az iratokat is? *Soll ich nicht auch die Akten mitbringen?*
Konditional	Bedingung	Ha **lenne** időm, többet úsz**nék**. *Wenn ich Zeit hätte, würde ich mehr schwimmen (gehen).* Ha lett **volna** időm, megsütöttem **volna** a húst. *Hätte ich Zeit gehabt, hätte ich das Fleisch gebraten.*
	Wunsch, der nicht von den realen Möglichkeiten abhängt	Csak szép idő **lenne**! *Ach wäre doch schönes Wetter!* Bárcsak felhívott **volna** Feri! *Ach hätte Feri doch angerufen!*
	Höfliche Aufforderung	Kivin**néd** a kutyát a szobából? *Würdest du den Hund aus dem Zimmer nehmen?* Felhív**nál** délután? *Würdest du mich am Nachmittag anrufen?*
	Zweifel, Unsicherheit	Nem hiszem, hogy felhív**na**! *Ich glaube nicht, dass er mich anrufen würde.* Úgy gondolod, hogy János ilyesmit csinált **volna**? *Denkst du, dass János so etwas gemacht hätte?*

Die Einstellung, Absicht des Sprechers wird oft durch Modalpartikeln ausgedrückt. (▶ Kapitel Modalpartikeln)
Modi, Modalverben und Modalpartikeln werden oft gemeinsam gebraucht.

Die Rektionsverben

Die Verben, die eine bestimmte Adverbialbestimmung benötigen, um einen vollständigen Satz zu bilden, sind **Rektionsverben:**

A gyerek **bízik** a szüleiben. *Das Kind vertraut seinen Eltern.*

💡 Man muss Verb und Rektion immer in einer charakteristischen Situation begreifen!

Die Rektionen sind Adverbialendungen oder Postpositionen, die die Gerichtetheit, die grammatische Einbettung des Verbs zeigen:

Piroska fél a farkas**tól.**	*Rotkäppchen hat Angst **vor** dem Wolf.*
A szomszédom részt vett egy tanfolyam**on.**	*Mein Nachbar hat an einem Lehrgang teilgenommen.*
A döntés csak a barátod**on múlik.**	*Die Entscheidung hängt nur von deinem Freund ab.*
Aggódom az egészséged **miatt.**	*Ich bin um deine Gesundheit besorgt.*
A gyerek **valahova szalad.**	*Das Kind läuft irgendwohin.*

Valahova – *irgendwohin* kann mit verschiedenen Endungen, die auf die Frage *wohin?* antworten, ausgefüllt werden (= kategoriale Rektion):

A gyerek a kert**be** / az iskola **felé** / a sportpály**ára** / a kutya **után** szalad.

Das Kind läuft in den Garten / in Richtung Schule / auf den Sportplatz / hinter dem Hund her.

In den Situationen, in denen eine reine Adverbialbestimmung nicht genügt, um alle Umstände anzugeben, wird die Rektion in Form eines Relativsatzes (▶Kapitel Relativsätze) angegeben:

A gyerek oda szalad, ahol a többiek játszanak. (**oda** antwortet auf die Frage *Wohin?*)

Das Kind läuft dorthin, wo die anderen spielen.

Verbmodifizierende Rektionen

Einige Rektionen verändern die Bedeutung des Verbs völlig, sie bilden eine lexikalische Einheit mit dem Verb. In neutral betonten Sätzen bleiben diese Rektionen immer vor dem Verb:

A barátomat Péter**nek hívják.**	*Mein Freund heißt Péter.* (wörtlich: *Meinen Freund ruft man Péter.*)
Egy nagy város**ban lakom.**	*Ich wohne in einer großen Stadt.*
A könyv nyolc fejezet**ből áll.**	*Das Buch besteht aus acht Kapiteln.*

Sobald es ein betontes Satzglied gibt, steht dieses direkt vor dem Verb. Die Rektion wandert dann nach hinten:

A barátomat hívják Péternek, és nem a bátyámat.

Mein Freund heißt Péter und nicht mein Bruder.

Ähnlich verhalten sich auch die Verbalpräfixe (▶Kapitel Die Verbalpräfixe):

Felmegyek az ötödik emeletre.	*Ich gehe in den fünften Stock hinauf.*
Az ötödik emeletre megyek fel, és nem a negyedikre.	*Ich gehe in den fünften und nicht in den vierten Stock hinauf.*

3 Das Substantiv

Das ungarische Substantiv hat kein grammatisches Genus. Der Artikel bezeichnet nur die Bestimmtheit bzw. Unbestimmtheit. Der Gebrauch der Artikel ist dem Deutschen ähnlich. (Mehr zum Artikelgebrauch ▶Kapitel Der Artikel)

Im Ungarischen werden nur Eigennamen und Satzanfänge großgeschrieben.

Ez a kutyám, **Rexi.**	*Das ist mein Hund, Rexi.*
Most **Budapesten** lakom.	*Ich wohne jetzt in Budapest.*
A **Mátrában** töltöttem a nyarat.	*Den Sommer habe ich im Mátra-Gebirge verbracht.*

Wird aus einem Substantiv ein Adjektiv gebildet, so schreibt man es stets klein.

János **Debrecenben** lakik.	*János wohnt in Debrecen.*
A **debreceni** barátommal sok szép napot töltöttem együtt.	*Mit meinem Debrecener Freund habe ich viele schöne Tage zusammen verbracht.*

Das Substantiv als Satzglied

Im Sinne der indoeuropäischen Sprachen hat das ungarische Substantiv keine Kasus, es wird nicht dekliniert.

Das Substantiv tritt in folgenden Satzgliedrollen auf:

- Als Subjekt: A kutya ugat.   *Der Hund bellt.*
- Als Prädikat: Áron tanár.   *Áron ist Lehrer.*
- Als Besitzer$_1$ (Possessivattribut):
  Kristóf kutyája ugat.   *Kristófs Hund bellt.*
- Als Besitzer$_2$ (Prädikat):
  Ez a kutya Kristófé.   *Dieser Hund gehört Kristóf.*
- Als nachgestelltes Attribut:
  A kutyám, **Rexi** nagyon okos.   *Mein Hund Rexi ist sehr klug.*
- Als Akkusativobjekt:
  Kérem a ceruzát!   *Ich möchte bitte den Bleistift haben!*
- Als Dativobjekt:
  Elküldöm a **szomszédomnak** ezt a könyvet.   *Ich schicke meinem Nachbarn dieses Buch.*
- Als verschiedene Adverbialbestimmungen:
  Az **egyetemre** megyek.   *Ich gehe zur Uni.*
  Az **apámtól** örököltem ezt a házat.   *Von meinem Vater habe ich dieses Haus geerbt.*

Als Subjekt bleibt das Substantiv unverändert, es kann aber auch verschiedene Suffixe (Zeichen) erhalten.
Als Objekt oder Adverbialbestimmung erhält das Substantiv verschiedene Kasussuffixe oder es wird durch verschiedene Postpositionen erweitert.
Die Substantive werden mit den Kasussuffixen zusammengeschrieben, die Postpositionen sind selbständige Wörter. (▶Kapitel Adverbialbestimmungen und Attribute)

Stammformen der Substantive

Zu jedem Substantiv gehören 4 **Grundformen im Wörterbuch:** Nominativ Singular, Nominativ Plural, Akkusativ Singular sowie die Possessivform 3. Person Singular.

Nominativ Singular:	**ház** – *Haus*
Nominativ Plural:	ház**ak** – *Häuser*
Akkusativ Singular:	ház**at** – *Haus* (Akkusativ)
Possessivform	
3. Person Singular:	ház**a** – *sein/ihr Haus*
(mit Besitzerzeichen)	

Bei unregelmäßiger Possessivform für das Besitztum im Plural wird manchmal zusätzlich auch die Possessivform 3. Person Plural angegeben:

Nominativ Singular:	**barát** – *Freund*
Nominativ Plural:	barát**ok** – *Freunde*
Akkusativ Singular:	barát**ot** – *Freund* (Akkusativ)
Possessivform	
3. Person Singular:	barát**ja** – *sein/ihr Freund*
Possessivform	
3. Person Plural:	barát**ai** – *seine/ihre Freunde*
(mit Besitzerzeichen)	

Pluralbildung

Bei Substantiven mit Vokal im Auslaut gibt es drei Möglichkeiten der Pluralbildung:

-k		'- k
Langer Vokal im Auslaut	**Substantive auf -i oder -u**	**Dehnung von -a oder -e vor -k**
folyó (*Fluss*) – folyó**k**	csoki (*Schokolade*) – csoki**k**	fa (*Baum*) – f**á**k
cipő (*Schuh*) – cipő**k**	áru (*Ware*) – áru**k**	utca (*Straße*) – utc**á**k
fiú (*Junge*) – fiú**k**	kapu (*Tor*) – kapu**k**	lecke (*Lektion*) – leck**é**k
autó (*Auto*) – autó**k**	bicikli (*Fahrrad*) – bicikli**k**	

Bei konsonantisch auslautenden Wörtern geht dem **-k** ein Bindevokal voraus:

-ok	-ak	-ek	-ök
patak (*Bach*) – patak**ok**	ház (*Haus*) –ház**ak**	hegy (*Berg*) – hegy**ek**	rendőr (*Polizist*) – rendőr**ök**
templom (*Kirche*) – templom**ok**	vár (*Burg*) – vár**ak**	kép (*Bild*) – kép**ek**	gyümölcs (*Frucht*) – gyümölcs**ök**
ország (*Land*) – ország**ok**	hal (*Fisch*) – hal**ak** ágy (*Bett*) – ágy**ak**		

Das Substantiv in Besitzverhältnissen

Die Relation zwischen Besitzer und Besitztum

Das sogenannte Besitzverhältnis, das im Deutschen meistens mit dem Genitiv des Besitzers ausgedrückt wird, bildet man im Ungarischen mit dem Besitzerzeichen der 3. Person Singular.

 In dieser Konstruktion **steht der Besitzer immer vor dem Besitztum.** Das Suffix, das den Besitzer bezeichnet, steht am Besitztum – ein Verfahren, das sich mit der Ökonomie der Sprache erklären lässt:

Im Deutschen		
Besitzer	**Genitivsuffix**	**Besitztum**
Péter	-s	Haus

Im Ungarischen		
Besitzer	**Besitztum**	**Besitzerzeichen**
Péter	ház	**-a**

Das Besitzerzeichen weist auf Person und Zahl des Besitzers hin:

az autó   **-m, -d**, …   → az autóm, autód, …

Besitztum	**Besitzerzeichen**
das Auto	*mein, dein, …*

 Die Form des Besitzerzeichens ist vom Wortauslaut, von eventuell vorhandenen Stammvarianten und vom Lautsystem abhängig. Deshalb ist es wichtig, das Besitzerzeichen der 3. Person Singular (manchmal auch der 3. Person Plural) zusammen mit dem neuen Substantiv zu lernen – **es gehört zu den Grundformen**!
Konsonantisch auslautende Substantive bekommen vor dem Besitzerzeichen in der 1. und 2. Person Singular und in der 2. Person Plural die gleichen Bindevokale wie vor dem Pluralzeichen **-k**:

Substantiv + Bindevokal + Pluralzeichen:
gyümölcs + ö + **k** → gyümölcsö**k** – *Früchte*
Substantiv + Bindevokal + Besitzerzeichen:
gyümölcs + ö + **m** → gyümölcsö**m** – *meine Frucht / mein Obst*

Besitztum im Singular

Die Grundform für Besitztum im Singular hängt vom **Substantivauslaut** ab:

Besitzer	Vokalisch auslautende Substantive			
	a – á	-ó	-i	-u
(az én)	irodá**m** *mein Büro*	autó**m** *mein Auto*	maci**m** *mein Teddy*	kapu**m** *mein Tor*
(a te)	irodá**d** – *dein...*	autó**d**	maci**d**	kapu**d**
(az ő)/ a tanár*	irodá**ja** – *sein/ihr...* irodá**ja** – *das Büro* *des Lehrers*	autó**ja** autó**ja**	maci**ja** maci**ja**	kapu**ja** kapu**ja**
(a mi)	irodá**nk** – *unser...*	autó**nk**	maci**nk**	kapu**nk**
(a ti)	irodá**tok** – *euer...*	autó**tok**	maci**tok**	kapu**tok**
(az ő)	irodá**juk** – *ihr...*	autó**juk**	maci**juk**	kapu**juk**
a tanárok*	irodá**ja** – *das Büro* *der Lehrer*	autó**ja**	maci**ja**	kapu**ja**

*Der Besitzer wird mit einem Substantiv bezeichnet.

Besitzer	Vokalisch auslautende Substantive		
	-ő	-ű	e – é
(az én)	cipő**m** *mein Schuh*	gyűrű**m** *mein Ring*	csipké**m** *meine Spitze*
(a te)	cipő**d**	gyűrű**d**	csipké**d**
(az ő)/ a tanár	cipő**je**	gyűrű**je**	csipké**je**
(a mi)	cipő**nk**	gyűrű**nk**	csipké**nk**
(a ti)	cipő**tök**	gyűrű**tök**	csipké**tek**
(az ő)	cipő**jük**	gyűrű**jük**	csipké**jük**
a tanárok	cipő**je**	gyűrű**je**	csipké**je**

Besitzer	Konsonantisch auslautende Substantive		
	Dunkle oder gemischtvokalische Stämme		
(az én)	ház**am** *mein Haus*	patak**om** *mein Bach*	csomag**om** *mein Paket*
(a te)	ház**ad**	patak**od**	csomag**od**
(az ő)/ a tanár	ház**a**	patak**ja**	csomag**ja**
(a mi)	ház**unk**	patak**unk**	csomag**unk**
(a ti)	ház**atok**	patak**otok**	csomag**otok**
(az ő)	ház**uk**	patak**juk**	csomag**juk**
a tanárok	ház**a**	patak**ja**	csomag**ja**

Konsonantisch auslautende Substantive			
Besitzer	**Helle Stammvokale**		
(az én)	kép**em** *mein Bild*	kert**em** *mein Garten*	függöny**öm** *mein Vorhang*
(a te)	kép**ed**	kert**ed**	függöny**öd**
(az ő)/ a tanár	kép**e**	kert**je**	függöny**e**
(a mi)	kép**ünk**	kert**ünk**	függöny**ünk**
(a ti)	kép**etek**	kert**etek**	függöny**ötök**
(az ő)	kép**ük**	kert**jük**	függöny**ük**
a tanárok	kép**e**	kert**je**	függöny**e**

Das Possessivpronomen wird nur in betonter Position verwendet:

Az **én** kutyám foltos.   *Mein Hund ist gefleckt.*
Milyen színű a **te** kutyád?   *Welche Farbe hat deiner/dein Hund?*
Milyen színű a **tied**?   *Welche Farbe hat deiner?*

Im Allgemeinen ist der Besitzer unbetont und nur am Besitzerzeichen zu erkennen:

Itt jön a kutyám.   *Hier kommt mein Hund.*

Besitztum im Plural

Der Plural des Besitztums wird mit -i gekennzeichnet:

– bei vokalisch auslautenden Substantiven steht das **-i zwischen Wortstamm und Personalendung:** kutya, kutyá**i**, kutyá**i**nk – *Hund, seine/ihre Hunde, unsere Hunde*

– bei konsonantisch auslautenden Substantiven steht das **-i zwischen Possessivstamm** (Substantiv mit Possessivendung 3. Person Singular) **und der jeweiligen Possessivendung:** szék, széke, széke**i**tek – *Stuhl, sein/ihr Stuhl, eure Stühle*

Vokalisch auslautende Substantive			
Besitzer	**a – á**	**-ó**	**-i**	**-u**
(az én)	irodá**im** *meine Büros*	autó**im** *meine Autos*	maci**jaim** *meine Teddys*	kapu**im** *meine Tore*
(a te)	irodá**id** – *deine...*	autó**id**	maci**jaid**	kapu**id**
(az ő)/ a tanár	irodá**i** – *seine/ihre...* irodá**i** – *die Büros des Lehrers*	autó**i** autó**i**	maci**jai** maci**jai**	kapu**i** kapu**i**
(a mi)	irodá**ink** – *unsere...*	autó**ink**	maci**jaink**	kapu**ink**
(a ti)	irodá**itok** – *eure...*	autó**itok**	maci**jaitok**	kapu**itok**
(az ő)	irodá**ik** – *ihre...*	autó**ik**	maci**jaik**	kapu**ik**
a tanárok	irodá**i** – *die Büros der Lehrer*	autó**i**	maci**jai**	kapu**i**

Vokalisch auslautende Substantive

Besitzer	-ő	-ű	e – é
(az én)	cipő**im** *meine Schuhe*	gyűrű**im** *meine Ringe*	csipké**im** *meine Spitzen*
(a te)	cipő**id**	gyűrű**id**	csipké**id**
(az ő)/ a tanár	cipő**i**	gyűrű**i**	csipké**i**
(a mi)	cipő**ink**	gyűrű**ink**	csipké**ink**
(a ti)	cipő**itek**	gyűrű**itek**	csipké**itek**
(az ő)	cipő**ik**	gyűrű**ik**	csipké**ik**
a tanárok	cipő**i**	gyűrű**i**	csipké**i**

Konsonantisch auslautende Substantive

Besitzer	Dunkle oder gemischtvokalische Stämme		
(az én)	háza**im** *meine Häuser*	patak**jaim** *meine Bäche*	csomag**jaim** *meine Pakete*
(a te)	háza**id**	patak**jaid**	csomag**jaid**
(az ő)/ a tanár	háza**i**	patak**jai**	csomag**jai**
(a mi)	háza**ink**	patak**jaink**	csomag**jaink**
(a ti)	háza**itok**	patak**jaitok**	csomag**jaitok**
(az ő)	háza**ik**	patak**jaik**	csomag**jaik**
a tanárok	háza**i**	patak**jai**	csomag**jai**

Konsonantisch auslautende Substantive

Besitzer	Helle Stammvokale		
(az én)	képe**im** *meine Bilder*	kert**jeim** *meine Gärten*	függöny**eim** *meine Vorhänge*
(a te)	képe**id**	kert**jeid**	függöny**eid**
(az ő)/ a tanár	képe**i**	kert**jei**	függöny**ei**
(a mi)	képe**ink**	kert**jeink**	függöny**eink**
(a ti)	képe**itek**	kert**jeitek**	függöny**eitek**
(az ő)	képe**ik**	kert**jeik**	függöny**eik**
a tanárok	képe**i**	kert**jei**	függöny**ei**

Für die 3. Person Plural gibt es zwei verschiedene Besitzerzeichen. Die Wahl des Suffixes hängt davon ab, ob der Besitzer von einem Substantiv oder vom Possessivpronomen **ő** – *er/sie/es* (trotz Plural nicht **ők** – *sie*!) ausgedrückt wird:

	Ein Besitzer	Mehrere Besitzer
Ein Besitztum	a gyerek hajó**ja** *das Schiff des Kindes* a(z ő) hajó**ja** – *sein Schiff*	a gyerekek hajó**ja** *das Schiff der Kinder* a(z ő) hajó**juk** – *ihr Schiff*
Mehrere Besitztümer	a gyerek hajó**i** *die Schiffe des Kindes* a(z ő) hajó**i** *seine Schiffe*	a gyerekek hajó**i** *die Schiffe der Kinder* a(z ő) hajó**ik** *ihre Schiffe*

Die *haben*-Konstruktion im Ungarischen

Für den Ausdruck des Habens gibt es im Ungarischen kein selbständiges Verb, sondern es wird mit Hilfe der folgenden Konstruktion ausgedrückt:

Besitzer + -nak/-nek (betont)	Besitztum + Besitzerzeichen der entsprechenden Person	Verb des Besitzens – das *sein* Verb
Péter**nek** Péter**nek**	három lány**a** lány**ai**	van. – *Péter hat drei Töchter.* vannak. – *Péter hat Töchter.*
Nek**em**	egy foltos kutyá**m**	van. – *Ich habe einen gefleckten Hund.*
Nek**ed**	fekete macská**id**	vannak. – *Du hast schwarze Katzen.*

Nekem, neked, nekünk, nektek wird **nur in betonter Position** verwendet. Ist die Person des Besitzers unbetont, genügt das Besitzerzeichen am Besitztum; es weist auf die Person des Besitzers eindeutig hin:

Van néhány érdekes könyvem.

Ich habe einige interressante Bücher.
Kein Satzglied ist betont.

Egy rendkívül érdekes könyvem van.

Ich habe ein außerordentlich interessantes Buch.
Das Besitztum ist betont.

Nekem vannak a legérdekesebb könyveim.

Ich habe die interessantesten Bücher.
Der Besitzer ist betont.

Neki ékszerei vannak, **nekem gyerekeim**.

Er/Sie hat Juwelen, ich habe Kinder.
Besitztümer und Besitzer sind betont.

Van könyved? **Vannak** gyerekeid?

Hast du ein Buch? Hast du Kinder?
Das Verb ist betont.

Lányod van vagy **fiad**?

Hast du eine Tochter oder einen Sohn?
Das Besitztum wird erfragt.

Neked van kisfiad vagy a **nővérednek**?

Hast du einen Sohn oder deine Schwester?
Der Besitzer wird erfragt.

Mit Hilfe der Besitzkonstruktion wird im Ungarischen auch **das Datum** ausgedrückt: (▶Kapitel Gebrauch der Zahlwörter)

Die Konstruktion *jemandem gehört etwas*

Ez a könyv a férjem**é**.   *Dieses Buch gehört meinem Mann.*

Im Beispielsatz wird über das Buch – als Subjekt des Satzes – festgestellt, dass es das Besitztum meines Mannes ist. Diese Feststellung ist das Prädikat des Satzes. Das Besitzzeichen **-é** weist darüber hinaus auf einen bereits bekannten Besitz hin. Vor einem mit dem Suffix **-é** versehenen Substantiv steht gewöhnlich ein Artikel:

Ez a ház **a** szomszédom**é**.   *Dieses Haus gehört meinem Nachbarn.*

Ez a kutya **egy** kisfiú**é**.   *Dieser Hund gehört einem kleinen Jungen.*

Ki**é** ez a labda?   *Wem gehört dieser Ball?*

Az unokám**é**.   *Meinem Enkelkind.*

Das **-é** kommt nach dem Wortstamm:
A macska **Péteré**.   *Die Katze gehört Péter.*

Das **-é** kommt nach dem Pluralstamm:
A macska a **gyerekeké**.   *Die Katze gehört den Kindern.*

Das **-é** kommt nach dem Possessivstamm Singular:
A kutya a **szomszédomé**.   *Der Hund gehört meinem Nachbarn.*

Das **-é** kommt nach dem Possessivstamm Plural:
Ez a labda a **gyerekeimé**.   *Dieser Ball gehört meinen Kindern.*

Wenn mehrere Besitzverhältnisse – Besitzer und Besitztum – gegenübergestellt werden, weist man – anstatt die ganze Possessivkonstruktion zu wiederholen – mit dem Besitzer + **-é** auf das bereits bekannte Besitztum hin:

Péter kutyája fehér, Mari kutyája fekete.   *Péters Hund ist weiß, Maris Hund ist schwarz.*

→ Péter kutyája fehér, **Marié** fekete.   → *Péters Hund ist weiß, **der** von Mari ist schwarz.*

Subjekt und Prädikat müssen auch dann übereinstimmen, wenn das Prädikat die Funktion des Besitzens ausdrückt:

Ez a könyv Áron**é**.   *Dieses Buch gehört Áron.*

Ezek a könyvek Áron**éi**.   *Diese Bücher gehören Áron.*

Ezek a könyvek a gyerek**éi**.   *Diese Bücher gehören den Kindern.*

Es gibt im Ungarischen auch eine pronominale Form des Suffixes **–é**, das Possessivpronomen(2) (▶Kapitel Das Possessivpronomen)

Das Substantiv als Objekt

Die Kasusendungen des Ungarischen gehen über den Kasusbegriff der indoeuropäischen Sprachen hinaus. Sie können sowohl den vier Fällen als auch präpositionalen Konstruktionen des Deutschen entsprechen. Zudem kann das Ungarische adverbiale Funktionen auch durch postpositionale Konstruktionen und – wie viele andere Sprachen auch – durch Adverbien realisieren.

Die funktionale Erläuterung der einzelnen Kasussuffixe erfolgt im ▶Kapitel Adverbialbestimmungen und Attribute. Hier wird zunächst nur ihre Form beschrieben.

Die Kasussuffixe sind silbenbildend und folgen dem vollständigen Nominativstamm. Das Akkusativsuffix **-t** bildet als einziges keine selbständige Silbe und wird deshalb zum Teil mit Bindevokalen verwendet.

Akkusativbildung

Das Akkusativzeichen ist **-t**. Es wird den Wortstämmen meist wie das Mehrzahl – **-k** angefügt.

Bei vokalisch auslautenden Substantiven kommt das **-t** direkt – ohne Bindevokal – zum Stamm (▶Kapitel Vokaldehnung):

-t		'-t
folyó**t** – *den Fluss*	csoki**t** – *die Schokolade*	fá**t** – *den Baum*
cipő**t** – *den Schuh*	áru**t** – *die Ware*	utcá**t** – *die Straße*
fiú**t** – *den Jungen*	kapu**t** – *das Tor*	lecké**t** – *die Lektion*
autó**t** – *das Auto*	bicikli**t** – *das Fahrrad*	

Bei konsonantisch auslautenden Substantiven kommt es mit Bindevokal zum Stamm:

-ot	-at	-et	-öt
patak**ot** – *den Bach*	ház**at** – *das Haus*	hegy**et** – *den Berg*	tök**öt** – *den Kürbis*
templom**ot** – *die Kirche*	vár**at** – *die Burg*	kép**et** – *das Bild*	török**öt** – *den Türken*
ország**ot** – *das Land*	hal**at** – *den Fisch*	völgy**et** – *das Tal*	gyümölcs**öt** – *die Frucht*
	ágy**at** – *das Bett*	méz**et** – *den Honig*	
	olaj**at** – *das Öl*	hely**et** – *den Platz*	

Wenn der letzte Konsonant des Substantivs **-l, -r, -n, -ny, -sz, -s, -z, -zs, -ly** oder **-j** ist, entfallen die Bindevokale **-o, -ö** und **-e** vor dem Akkusativ-**t**, anders als beim Plural **-k**:

Nominativ Plural (mit Bindevokal)	Akkusativ Singular (ohne Bindevokal)
dal**ok** – *Lieder*	dal**t** – *das Lied*
kés**ek** – *Messer*	kés**t** – *das Messer*
rúzs**ok** – *Lippenstifte*	rúzs**t** – *den Lippenstift*
lány**ok** – *Mädchen*	lány**t** – *das Mädchen*

Ausnahmen: fület, tehenet, kenyeret, kezet, cukrot, bokrot …

Um Fehler zu vermeiden, sollte man sich **die Grundformen** gut einprägen.

Bei Substantiven im Plural ist die Reihenfolge der Suffixe zu beachten:

Substantiv +	(Bindevokal) Pluralzeichen +	(Bindevokal) Akkusativ-/ Dativ-/ Adverbialendungen:	
szék	-ek	-en	*auf den Stühlen*
lány	-ok	-nak	*den Mädchen*
villamos	-ok	-kal	*mit den Straßenbahnen*
bicikli	-k	-et	*die Fahrräder* (Akkusativ)

Zwischen Plural-**k** und Akkusativ-**t** stehen immer **-a** oder **-e** als Bindevokal: gyümölcs – gyümölcsök – gyümölcsök**et**, asztal – asztalok – asztalok**at**.

Zusammenfassung der Kasussuffixe

Diese Endungen sind silbenbildend, sie werden an den vollständigen Nominativstamm angefügt.

Form des Suffixes	Funktion Beispiel	Bezeichnung
-t/-ot/-at/ -et/-öt	**1. Objekt der Handlung**	**Akkusativ**
	Megtanulom ezt a verse**t**. – *Ich lerne dieses Gedicht.*	
	2. Zeitdauer	**Akkusativ**
	Egy órá**t** dolgozom. – *Eine Stunde arbeite ich.*	
	3. Maß- oder Gradangabe	**Akkusativ**
	Egy kicsi**t** fáradt vagyok. – *Ich bin ein wenig müde.*	
-nak/-nek	**1. Begünstigter der Handlung**	**Dativ**
	Adok Gergő**nek** egy könyvet. – *Ich gebe Gergő ein Buch.*	
	2. Das Subjekt ist nicht die handelnde Person, sondern erhält eine Wirkung von außen.	**Dativ**
	Ez a ruha tetszik Szilvi**nek**. – *Dieses Kleid gefällt Szilvi.*	
	3. *haben*-Konstruktion	**Dativ**
	Attilá**nak** szép kutyája van. – *Attila hat einen schönen Hund.*	
-val/-vel (das anlautende -v wird vom vorausgehenden Konsonanten assimiliert)	**1. Mittel der Handlung**	**Instrumental**
	Bicikli**vel** megyek iskolába. *Ich fahre mit dem Fahrrad in die Schule.*	
	2. Beteiligter der Handlung	**Komitativ**
	A barátom**mal** voltam moziban. *Ich war mit meinem Freund im Kino.*	

-ért	**Ziel der Handlung.**	**Kausal - Final**
	A könyv**ért** ezer forintot fizettem. *Für das Buch habe ich tausend Forint bezahlt.* Elmegyek a gyerek**ért** az iskolába. *Ich gehe in die Schule, um das Kind abzuholen.*	
-ban/-ben	**1. *in, im, innerhalb* (Wo?)**	**Inessiv**
	A második ház**ban** lakom. – *Ich wohne im zweiten Haus.*	
	2. Zeitpunkt	**Inessiv**
	március**ban** – *im März,* 1999-**ben** – *im Jahr 1999,* a XX. század**ban** – *im zwanzigsten Jahrhundert*	
-ba/-be	***in ... hinein* (Wohin?)**	**Illativ**
	Menj be az üzlet**be**! – *Geh ins Geschäft hinein!*	
-ból/-ből	***aus ... heraus* (Woher?)**	**Elativ**
	A kutya kijött a ház**ból**. *Der Hund kam aus dem Haus heraus.*	
-on/-en/-ön/ -n	**1. *auf/an* einer Oberfläche (Wo?)**	**Superessiv**
	A könyv az asztal**on** fekszik. – *Das Buch liegt auf dem Tisch.*	
	2. Zeitpunkt, z. B. bei Wochentagen	**Superessiv**
	Hétf**ő**n, kedd**en**, ... – *am Montag, am Dienstag, ...*	
-ra/-re	***auf/an* eine Oberfläche *hinauf* (Wohin?)**	**Sublativ**
	Tedd a könyvet az asztal**ra**! – *Lege das Buch auf den Tisch!*	
-ról/-ről	**1. *von* einer Oberfläche *herunter* (Woher?)**	**Delativ**
	Vedd le a könyvet a polc**ról**! *Nimm das Buch vom Regal herunter!*	
	2. *über* + Akk., *von* + Dat.	**Delativ**
	A szomszédom sokat mesélt a fiá**ról**. *Mein Nachbar hat viel über seinen Sohn erzählt.*	
-nál/-nél	***an/bei* (Wo?)**	**Adessiv**
	Péter a templom**nál** lakik. – *Péter wohnt an der Kirche.* János egy nagyvállalat**nál** dolgozik. *János arbeitet bei einer Großfirma.*	
-hoz/-hez/ -höz	***zu ... hin* (Wohin?)**	**Allativ**
	Elmegyünk a nagymamá**hoz**? – *Gehen wir zur Oma?*	
-tól/-től	**1. *von ... weg* (Woher?)**	**Ablativ**
	A gyerek elszaladt az anyjá**tól**. *Das Kind lief von seiner Mutter weg.*	
	2. Quelle	**Ablativ**
	A férjem**től** kaptam ezt a könyvet. *Ich habe dieses Buch von meinem Mann bekommen.*	

Die oben beschriebenen Kasussuffixe haben auch Personalformen:
nekem – *mir,* **velem** – *mit mir, ...* (▶Kapitel Das Personalpronomen).

Die folgenden Kasussuffixe haben keine Personalform:

-vá/-vé	*werden zu* etwas	**Translativ**
	Jánost igazgató**vá** nevezték ki. *János wurde zum Direktor ernannt.*	
-ig	**1.** *bis* **(Zeitpunkt)**	**Terminativ**
	Ma öt**ig** maradok az irodában. *Heute bleibe ich bis fünf im Büro.*	
	2. Zeitdauer	**Terminativ**
	Két év**ig** éltem Berliben. *Ich habe zwei Jahre lang in Berlin gelebt.*	
	3. Ziel, Grenze	**Terminativ**
	A ház**ig** vezet az út. – *Die Straße führt bis zum Haus.*	
-ként	*als, wie*	**Formal**
	A fiam tanár**ként** dolgozik. – *Mein Sohn arbeitet als Lehrer.*	
-ul/-ül	*als, zu*	**Essiv**
	Ezt a könyvet ajándék**ul** adom. *Dieses Buch gebe ich jemandem als Geschenk.*	
-stul/-stül/ -ostul/ -estül/-östül	*mit, samt*	**Soziativ**
	Kovácsék gyerek**estül** jöttek hozzánk. *Die Familie Kovács kam samt Kindern zu uns.*	
-kor	*um* **(Zeitpunkt)**	**Temporal**
	Öt**kor** találkozunk! – *Wir treffen uns um fünf!*	
-onta/-ente/ -önte/ -nta/-nte	*pro-, -lich* nur an Substantiven mit Zeitbezug	**Distributiv- Temporal**
	Het**ente** megyek futni. – *Wöchentlich gehe ich joggen.*	
-szor/-szer/ -ször	*-mal* **(Multiplikation)** nur an Substantiven mit numerischem Bezug	**Multiplikativ**
	Öt**ször** egy héten megyek futni. *Fünfmal in der Woche gehe ich joggen.*	

Verschiedene Nominativstämme in Objektfunktion

Ungarische Substantive haben mehrere Nominativstämme, an jeden Nominativstamm können Kasussuffixe angefügt werden.
Die Vokale **-a** und **-e** werden vor den Kasussuffixen (außer vor **-kor**, **-ként** und **-képpen**) gedehnt: kocsija – kocsiját, kocsijával, kocsijában

Nominativstamm + Objekt/Kasussuffixe			
Substantiv im Singular			
Substantiv im Singular	**kutya**	A kutyának csontot adok.	*Ich gebe dem Hund Knochen.*
mit Besitzerzeichen	kutyám kutyád ...	A kutyámnak/ kutyádnak/... csontot adok.	*Ich gebe meinem/ deinem/... Hund Knochen.*
mit Besitzerzeichen + Besitzzeichen im Singular	kutyámé kutyádé ...	A kutyámét/ kutyádét/... keresem.	*Ich suche den/ die/das meines/ deines/... Hundes.*
mit Besitzerzeichen + Besitzzeichen im Plural	kutyáméi kutyádéi ...	A kutyáméit/ kutyádéit/... keresem.	*Ich suche die meines/deines/... Hundes*
mit Besitzzeichen im Singular	kutyáé	A kutyáét keresem.	*Ich suche den/ die/das des Hundes.*
mit Besitzzeichen im Plural	kutyáéi	A kutyáéit keresem.	*Ich suche die des Hundes.*
Substantiv im Plural			
Substantiv im Plural	kutyák	A kutyáknak csontot adok.	*Ich gebe den Hunden Knochen.*
mit Besitzerzeichen	kutyáim kutyáid ...	A kutyáimnak/ kutyáidnak/ ... csontot adok.	*Ich gebe meinen/ deinen/... Hunden Knochen.*
mit Besitzerzeichen + Besitzzeichen im Singular	kutyáimé kutyáidé ...	A kutyáimét/ kutyáidét/ ... keresem.	*Ich suche den/ die/das meiner/ deiner/... Hunde.*
mit Besitzerzeichen + Besitzzeichen im Plural	kutyáiméi kutyáidéi ...	A kutyáiméit/ kutyáidéit/ ... keresem.	*Ich suche die meiner/deiner/... Hunde.*
mit Besitzzeichen im Singular	kutyáké	A kutyákét keresem.	*Ich suche den/die/ das der Hunde.*
mit Besitzzeichen im Plural	kutyákéi	A kutyákéit keresem.	*Ich suche die der Hunde.*

Nach den Besitzerzeichen der 1. und 2. Person kann das Akkusativsuffix – besonders in der gesprochenen Sprache – wegfallen:

Le kell mosnom a kocsi**m(at)**.   *Ich muss mein Auto waschen.*

4 Das Adjektiv

Das Adjektiv als Satzteil

Das Adjektiv ist ein Begleitwort. Es bezeichnet Eigenschaften und Merkmale.
Im Satz tritt es am häufigsten in attributivischer oder in prädikativer Rolle auf.
Nach den Adjektiven wird mit dem Fragewort **Milyen?** – *Was für ein/eine/ein?*
gefragt:

Hideg időben nem megyek sétálni.	*Bei kaltem Wetter gehe ich nicht spazieren.*
– Milyen az idő kint?	*– Wie ist das Wetter draußen?*
– Hideg.	*– Kalt.*

- Das Adjektiv als **Attribut:**

  Das ungarische Adjektiv ist als Attribut endungslos:

A **barna** kutya ugat.	*Der braune Hund bellt.*
A **barna** kutyák ugatnak.	*Die braunen Hunde bellen.*
Félek a **barna** kutyától.	*Ich habe Angst vor dem braunen Hund.*

- Das Adjektiv als **Prädikat:**

  Wird eine Eigenschaft benannt, dann besteht das Prädikat aus einem
  Adjektiv und aus der Kopula **van** – *ist*. Im Präsens Indikativ 3. Person
  Singular und Plural entfällt **van:**

Az új kutyánk **foltos**, a régi **barna-fekete volt.**	*Unser neuer Hund ist gefleckt, der alte war schwarzbraun.*

  Als Prädikat muss das Adjektiv mit dem Subjekt im Numerus übereinstimmen:

A ház kényelm**es**.	*Das Haus ist gemütlich.*
A ház**ak** kényelmes**ek**.	*Die Häuser sind gemütlich.*
A ház**ai** kényelmes**ek**.	*Seine/Ihre Häuser sind gemütlich.*

Mehrzahlbildung der Adjektive als Prädikat:

Pluralsuffixe					
-k	**-'k**	**-ok**	**-ak**	**-ek**	**-ök**
jó**k** – *gute*	barná**k** – *braune* feketé**k** – *schwarze*	magyar**ok** – *ungarische* nagy**ok** – *große*	magas**ak** – *hohe* kockás**ak** – *karierte*	zöld**ek** – *grüne* kék**ek** – *blaue*	görög**ök** – *griechische* török**ök** – *türkische*

- Die Suffixe **-an/-en** und **-l/-ul/-ül** bilden aus Adjektiven Adverbien.
  Diese sind Erweiterungen des Verbs:

Gergő gyönyörű**en** zongorázik.	*Gergő spielt wunderbar Klavier.*
Beszélek magyar**ul**.	*Ich spreche Ungarisch.*

- Das Adjektiv kann auch **substantivisch** gebraucht werden.
  Die substantivische Funktion ist am Artikel und/oder an der Kasusendung
  zu erkennen:

Ezt **a pirosat** kérem.   *Ich möchte diesen/diese/dieses rote.*
A kékben megyek, az jól áll.   *Ich gehe in dem/der blauen,*
     der/die/das steht mir gut.

– Melyik házban laksz?   *– In welchem Haus wohnst du?*
– A magas**ban.**   *– In dem hohen.*

Adjektiv + Akkusativsuffix **-t**:

Akkusativsuffixe					
-t	**'-t**	**-ot**	**-at**	**-et**	**-öt**
magyar**t**	barná**t**	osztrák**ot**	magas**at**	zöld**et**	görög**öt**
jó**t**	feket**ét**	nagy**ot**	kockás**at**	kék**et**	török**öt**
		vastag**ot**			

Adjektiv + Kasussuffix **-ban/-ben**:

Kasussuffixe	
-ban	**-ben**
magas**ban**	kicsi**ben**
piros**ban**	kék**ben**

Komparation des **Adjektivs**

Mit Hilfe der Komparation vergleicht man Eigenschaften und Merkmale.
Es gibt im Ungarischen drei bzw. vier verschiedene Stufen des Vergleichs:

Positiv	Komparativ	Superlativ	Absoluter Superlativ
kedves	kedvesebb	legkedvesebb	legeslegkedvesebb
nett	*netter*	*am nettesten*	*am allernettesten*

Komparativ: Adjektiv + **-bb/-abb/-ebb**
Superlativ: leg + Adjektiv + **-bb/-abb/-ebb**
Absoluter Superlativ: leges + leg + Adjektiv + **-bb/-abb/-ebb**

Komparationssuffixe	
-abb	**-ebb**
fiatal – *jung*	idős – *alt*
fiatal**abb**	idős**ebb**
legfiatal**abb**	legidős**ebb**
szomjas – *durstig*	éhes – *hungrig*
szomjas**abb**	éhes**ebb**
legszomjas**abb**	legéhes**ebb**
magas – *hoch*	ügyetlen – *ungeschickt*
magas**abb**	ügyetlen**ebb**
legmagas**abb**	legügyetlen**ebb**

Komparationssuffixe		
-bb (auf –i/-ú/-ű auslautende Adjektive)	**'-bb (auf -a auslautende Adjektive)**	**'-bb (auf -e auslautende Adjektive)**
régi – *alt* régi**bb** legrégi**bb**	csúnya – *hässlich* csúnyá**bb** legcsúnyá**bb**	fekete – *schwarz* feketé**bb** legfeketé**bb**
szomorú – *traurig* szomorú**bb** legszomorú**bb**	buta – *dumm* butá**bb** legbutá**bb**	szőke – *blond* szőké**bb** legszőké**bb**
keserű – *bitter* keser**űbb** legkeser**űbb**		

Ausnahmen:

hossz**ú** – *lang* hossz**a**bb leghossz**a**bb	lass**ú** – *langsam* lass**a**bb leglass**a**bb	ifj**ú** – *jung* ifj**a**bb legifj**a**bb	könny**ű** – *leicht* könny**e**bb legkönny**e**bb
j**ó** – *gut* j**o**bb legj**o**bb	nagy – *groß* nagy**o**bb legnagy**o**bb	ki**cs**i – *klein* ki**s**ebb legki**s**ebb	sz**ép** – *schön* szebb legszebb
neh**éz** – *schwer* neh**e**zebb legneh**e**zebb	der**ék** – *rechtschaffen* der**e**kabb legder**e**kabb	bő – *weit* bő**v**ebb legbő**v**ebb	sok – *viel* több legtöbb

Bei Adjektiven und Zahlwörtern auf **-só/-ső** kann im Superlativ **-bb** wegfallen:

belső – *innere(r/s)* belsőbb legbelső	külső – *äußere(r/s)* külsőbb legkülső	felső – *obere(r/s)* felsőbb legfelső	alsó – *untere(r/s)* alsóbb legalsó	szélső – *seitliche(r/s)* szélsőbb legszélső	első – *erste(r/s)* – legelső

Komparierte Adjektive in verschiedenen Satzgliedfunktionen:

- **Als Prädikat:**
  A házak nagyobbak.   *Die Häuser sind größer.*
- **Als Adverb:**
  Az én kocsim gyorsabban megy,   *Mein Auto fährt schneller als deines.*
  mint a tied.

  Nem élek rosszabbul, mint tavaly. *Ich lebe nicht schlechter als voriges Jahr.*

Die im Komparativ oder Superlativ stehenden, oft substantivisch gebrauchten Adjektive bekommen manchmal das Hervorhebungszeichen **-ik**:

Péter a legszebb**ik** lánnyal táncolt a bálban. / Péter a legszebb lánnyal táncolt a bálban.   *Péter tanzte mit dem schönsten Mädchen auf dem Ball.*

A legnagyobb**ik**at/legnagyobbat kérem!   *Ich möchte den(die/das) größte(n).*

A frissebbet/frissebb**ik**et válaszd!   *Wähle den(die/das) frischere(n)!*

Weiteres dazu ▶Kapitel Das Adverb.

Die Zahlwörter

Die Zahlwörter sind eine Untergruppe der Adjektive.

Das Zahlwort als Satzteil

Die Zahlwörter werden im Satz als Attribute oder – mit dem Kasussuffix **-an/-en** – als Teil des Prädikats gebraucht:

Három gyerek megy az utcán.　　***Drei** Kinder gehen auf der Straße.*

Hárman mennek az utcán.　　*Sie gehen **zu dritt** auf der Straße.*

- **Als Attribut:**

  Nach allen attributvischen Zahlwörtern steht das Substantiv im Singular (!), unabhängig davon, ob es sich um eine zählbare oder unzählbare Menge handelt:

  Három táskát vittem magammal.　*Ich habe **drei** Taschen mitgenommen.*

  Sok dolgom van.　　*Ich habe **viel** zu tun.*

  Néhány perc alatt elintézem ezt a dolgot.　*Ich erledige diese Sache innerhalb **einiger** Minuten.*

- **Als Prädikat:**

  Als Teil des Prädikats steht das mit **-an/-en** suffigierte Zahlwort im Plural:

  Öt**en** dolgoz**tak** ezen a feladaton.　*Sie arbeiteten zu fünft an dieser Aufgabe.*

Ist der Sprecher oder der Angesprochene in die Situation mit einbezogen (er nimmt an der Handlung teil), so erhält das Verb die Endung der 1. oder 2. Person Plural:

Sokan volt**unk** a koncerten.　　*Wir waren viele auf dem Konzert.*

Sokan volt**atok** a buliban?　　*Seid **ihr** viele auf der Party gewesen?*

Wortbildung der Zahlwörter

 Zahlwörter werden von links nach rechts, von der größeren zur kleineren Einheit gelesen:

22 = huszonkettő
48564 = negyvennyolcezer ötszázhatvannégy

a) Grundzahlen und Ordnungszahlen

Grundzahl → Ordnungszahl		Grundzahl → Ordnungszahl	
0 nulla	→ 0. nulladik	22 huszonkettő	→ 22. huszonkettedik
1 egy	→ 1. első	30 harminc	→ 30. harmincadik
2 kettő	→ 2. második	40 negyven	→ 40. negyvenedik
3 három	→ 3. harmadik	50 ötven	→ 50. ötvenedik
4 négy	→ 4. negyedik	60 hatvan	→ 60. hatvanadik
5 öt	→ 5. ötödik	70 hetven	→ 70. hetvenedik
6 hat	→ 6. hatodik	80 nyolcvan	→ 80. nyolcvanadik
7 hét	→ 7. hetedik	90 kilencven	→ 90. kilencvenedik
8 nyolc	→ 8. nyolcadik	100 száz	→ 100. századik
9 kilenc	→ 9. kilencedik	101 százegy	→ 101. százegyedik
10 tíz	→ 10. tizedik	111 száztizenegy	→ 111. száztizenegyedik
11 tizenegy	→ 11. tizenegyedik	1000 ezer	→ 1000. ezredik
12 tizenkettő	→ 12. tizenkettedik	1700 ezerhétszáz	→ 1700. ezerhétszázadik
13 tizenhárom	→ 13. tizenharmadik	10.000 tízezer	→ 10.000. tízezredik
14 tizennégy	→ 14. tizennegyedik	100.000 százezer	→ 100.000. százezredik
20 húsz	→ 20. huszadik	1 000 000 millió	→ 1.000.000. milliomodik
21 huszonegy	→ 21. huszonegyedik		

Die Zehner **tíz (10)** und Zwanziger **húsz (20)** werden mit **-en/-on** gebildet, dabei wird der Stammvokal kurz:

tíz (10) → t**i**z + en + öt = t**i**zenöt (15)
húsz (20) → h**u**sz + on + kettő = h**u**szonkettő (22)

Die anderen Zehnerzahlen stehen unverändert vor den Einzerzahlen:
harminchárom (33), **negyven**nyolc (48).

Das Suffix der **Ordnungszahlwörter** ist **-dik** (**-d** + **-ik**):

Az öt**ödik** emelet egyben lakom.

Ich wohne in der fünften Etage, Wohnung eins.

Zahlwörter erhalten die gleichen Suffixe wie Adjektive. Regelmäßige Abweichungen treten auf bei hár**o**m – hármat, ez**e**r – ezrek.

– Hány könyvet vettél?	*– Wie viele Bücher hast du gekauft?*
Hat**ot** vagy nyolc**at**?	*Sechs oder acht?*
– Csak hárm**at**.	*– Nur drei.*

Gesteigert werden nur die Zahlwörter, die eine relative Menge bedeuten:

– Dohányozz **kevesebbet**!	*– Rauche weniger!*

b) **Die Bruchzahlen** werden mit dem Suffix **-d** (**-od, -ad, -ed, -öd**) gebildet.
Ausnahme: ½ = **fél**

Kérek egy **negyed** kiló kenyeret!	*Ich möchte bitte ein viertel Kilo Brot.*
A süteménynek csak a **harmadát** eszem meg**.**	*Ich esse nur ein Drittel des Kuchens auf.*

1/4	egy negyed
3/5	három ötöd
15/22	tizenöt huszonketted

c) **Die Dezimalzahlen**

0,4	nulla egész négy tized; nulla egész négy
3,14	három egész tizennégy század
32,456	harminckét egész négyszázötvenhat ezred

Gebrauch der Zahlwörter

a) Mathematische Operationen

Addition (összeadás): **meg**				
31	+	54	=	85
harmincegy	**meg**	ötvennégy	egyenlő	nyolcvanöt

Subtraktion (kivonás): **-ból/-ből**			
31 –	14	=	17
harmincegy**ből**	tizennégy	egyenlő	tizenhét

Multiplikation (szorzás): **-szor/-szer/-ször**			
5 x	12	=	60
öt**ször**	tizenkettő	egyenlő	hatvan

Division (osztás): **-ban/-ben a(z)**			
100 :	5	=	20
száz**ban**	**az** öt	egyenlő	húsz

b) Fragesätze

Mit dem Fragewort Hány? fragt man nach einzelnen zählbaren Dingen, mit dem Fragewort **Mennyi?** nach Summen und unzählbaren Mengen:

Hány éves vagy?	*Wie viele Jahre alt bist du?*
Mennyi idős Pistike?	*Wie alt ist Pistike?*
Hány óra van?	*Wie spät ist es?*
Mennyi az idő?	*Wie spät ist es?*
Hányszor voltál a Balatonon?	*Wie oft warst du am Balaton?*
Hány forintba kerül egy villamosjegy?	*Wie viel Forint kostet ein Straßenbahnfahrschein?*
Mennyibe kerül Budapesten egy lakás?	*Was kostet eine Wohnung in Budapest?*
Hány forintért vetted ezt a kocsit?	*Für wie viel Forint hast du dieses Auto gekauft?*
Mennyiért vetted ezt a kocsit?	*Für wie viel hast du dieses Auto gekauft?*
Hányadik emeleten laksz?	*In welcher Etage wohnst du?*
Mennyi huszonháromszor ötvenkettő?	*Wie viel ist 23 x 52?*
Mennyit kell még várnunk?	*Wie lange* (wörtlich: *Wie viel*) *müssen wir noch warten?*

Eine ähnliche Abweichung tritt bei den Adjektiven **kicsi/kis** *(klein)* und dem Zahladjektiv **kettő/két** *(zwei)* auf. Als Attribut wird die kürzere Form gebraucht, sonst die längere:

Kérek egy **kis** vizet.	*Ich möchte ein wenig Wasser.*
Van egy **kis** időd?	*Hast du ein wenig Zeit?*
Egy **kis** adag fagylaltot kérek.	*Ich möchte eine kleine Portion Eis.*
Ez a szoba elég **kicsi**.	*Dieses Zimmer ist ziemlich klein.*
Két órakor találkozunk.	*Wir treffen uns um zwei Uhr.*
Két kiflit veszek.	*Ich kaufe zwei Hörnchen.*
– Hány gyereked van?	*– Wie viele Kinder hast du?*
– **Kettő**.	*– Zwei.*
– Hány almát kérsz?	*– Wie viele Äpfel möchtest du?*
– **Kettőt**.	*– Zwei.*
Kettőkor találkozunk.	*Wir treffen uns um zwei.*

Die Komparativendung kommt an die kürzere Form; die Akkusativ- und Adverbialendungen kommen an die längere Form:

Egy számmal kisebb cipőt kérek.	*Ich möchte bitte ein Paar Schuhe eine Nummer kleiner.*
– Melyik almát kéred?	*– Welchen Apfel möchtest du?*
– A **kicsit** kérem.	*– Ich möchte den kleinen.*
Az utcánkban van két élelmiszerbolt. A **kisebben/kisebbikben** finom süteményt lehet kapni.	*In unserer Straße gibt es zwei Lebensmittelgeschäfte. In dem kleineren bekommt man leckeres Gebäck.*

c) Datumsangabe

 Nach dem Ort folgen Jahr, Monat und Tag (von der größeren Einheit zur kleineren):

Budapest, 1998. május 9. / máj. 9. / 05. 09.
Budapest, ezerkilencszázkilencvennyolc május kilencedike

Das Datum wird mit Hilfe der Besitzkonstruktion (▶Kapitel Das Substantiv in Besitzverhältnissen) ausgedrückt: Der Monat fungiert als „Besitzer", der Tag – die kleinere Einheit – als „Besitztum":

Ma szeptember 8-**a** van.	*Heute ist der Achte (**des**) September(s).*
Január 22-**é**n születtem.	*Ich bin am 22. (Tag **des**) Januar(s) geboren.*
– Mi van ma? / Hányadika van ma?	*– Was/Der Wievielte ist heute? / Der Wievielte ist heute?*
– 2005. július 26. (Kettőezeröt július huszonhatodika.)	*– Heute ist der 26. Juli 2005.*
– Mikor jön ebédre a barátnőd?	*– Wann kommt deine Freundin zum Mittagessen?*
– 2005. július 26-**á**n. (Kettőezeröt július huszonhatodikán.)	*– Am 26. Juli 2005.*
– Mikor tört ki a forradalom?	*– Wann brach die Revolution aus?*
– 1956. október 23-**á**n. (Ezerkilencszázötvenhat október huszonharmadikán.)	*– Am 23. Oktober 1956.*

d) Die Uhrzeit

Im Ungarischen gibt es eine offizielle und eine umgangssprachliche Ausdrucksmöglichkeit der Uhrzeit:

Hány óra van? *Wie viel Uhr ist es?*	
Amtssprache	**Umgangssprache**
Tizenkét óra van. *Es ist 12 Uhr.*	Tizenkét óra van. / Dél van. / Pontosan dél van. *Es ist 12 Uhr / Mittag / genau 12 Uhr.*
Tizenkét óra harminc. *Es ist 12.30 Uhr.*	Fél egy van. *Es ist halb eins.*
Tizenhárom óra tizenöt. *13.15 Uhr.*	Negyed kettő van. *Es ist viertel zwei (Viertel nach eins).*
Tíz óra tizenegy perc. *10.11 Uhr.*	Negyed tizenegy lesz négy perc múlva. / Négy perc múlva negyed tizenegy. *Es ist vier Minuten vor viertel elf. / In vier Minuten wird es viertel elf.*
Tizennégy óra harminc. *14.30 Uhr.*	Fél három van. *Es ist halb drei.*

Amtssprache	Umgangssprache
Tizenöt óra. *15 Uhr.*	Három óra van. *Es ist drei Uhr.*
Tizenhat óra harminchat. *16.36 Uhr.*	Fél öt múlt hat perccel. / Hat perccel múlt fél öt. *Es ist sechs Minuten nach halb fünf.*
Tizenhat óra harmincnyolc. *16.38 Uhr.*	Háromnegyed öt lesz hét perc múlva. / Hét perc múlva háromnegyed öt. *Es ist sieben Minuten vor drei viertel fünf. /* *In sieben Minuten wird es drei viertel fünf.*
Nulla óra. *0.00 Uhr.*	Éjfél van. *Es ist Mitternacht.*
Nulla óra kilenc perc. *0.09 Uhr.*	Éjfél múlt kilenc perccel. / Kilenc perccel múlt éjfél. *Es ist neun Minuten nach Mitternacht.*

Hánykor? / Mikor? *Wann?*	
Amtssprache	**Umgangssprache**
Tizenkettő**kor**. *Um 12 Uhr.*	Tizenkettő**kor**. / Tizenkét óra**kor**. / Délben. / Pont tizenkettő**kor**. / Pont délben. *Um 12 / Um 12 Uhr. / Genau um 12.*
Tizenkettő harminc**kor**. *Um 12.30 Uhr.*	Fél egy**kor**. *Um halb eins.*
Tizenhárom óra tizenöt**kor**. *Um 13.15 Uhr.*	Negyed kettő**kor**. *Um viertel zwei.*
Tíz óra tizenegy perc**kor**. *Um 10.11 Uhr.*	Negyed tizenegy előtt négy perccel. *Vier Minuten vor viertel elf.*
Tizennégy óra harminc**kor**. *Um 14.30 Uhr.*	Fél három**kor**. *Um halb drei.*
Tizenöt óra**kor**. Um 15 Uhr.	Három**kor**. / Három óra**kor**. *Um drei. / Um drei Uhr.*
Tizenhat óra harminchat**kor**. *Um 16.36 Uhr.*	Fél öt után hat perccel. / Hat perccel fél öt után. *Sechs Minuten nach halb fünf.*
Tizenhat óra harmincnyolc**kor**. *Um 16.38 Uhr.*	Háromnegyed öt előtt hét perccel. / Hét perccel háromnegyed öt előtt. *Sieben Minuten vor drei viertel fünf.*
Nulla óra**kor**. *Um 0.00 Uhr.*	Éjfél**kor**. *Um Mitternacht.*
Nulla óra kilenc perc**kor**. *Um 0.09 Uhr.*	Éjfél után kilenc perccel. / Kilenc perccel éjfél után. *Neun Minuten nach Mitternacht.*

Das Wort **óra** – *Stunde* wird vor allem bei der amtssprachlichen Uhrzeitangabe gebraucht.

Wenn in der umgangssprachlichen Version die Tageszeit nicht eindeutig ist, setzt man folgende Adjektive davor:

04.30	**hajnali** fél ötkor – *morgens um halb fünf*
08.00	**reggel** nyolckor – *morgens um acht*
10.00	**délelőtt** tízkor – *vormittags um zehn*
16.00	**délután** négykor – *nachmittags um vier*
22.00	**este** tízkor – *abends um zehn*
01.00	**éjjel** egykor – *nachts um eins*

⇨ ⇦ **Óra** bedeutet sowohl *Uhr* als auch *Stunde*.

e) Maßeinheiten

Gewichte		Maße	
1 kg	egy kiló	1 km	egy kilométer
½ kg	fél kiló	500 m	ötszáz méter
¼ kg	negyed kiló	60 km/óra	hatvan kilométer per óra
1 ½ kg	másfél kiló	100 m²	száz négyzetméter
100 g	tíz deka	100 m³	száz köbméter
200 g	húsz deka	10 cm	tíz centi(méter)
1 l	egy liter	5 mm	öt milli(méter)
½ l	fél liter	30 °C	30 Celsius fok
0,1 l	egy deci(liter)	-1 °	mínusz egy fok
0,5 dl	fél deci(liter)	+ 25 °	plusz huszonöt fok

Mengen	
1 *Päckchen*	egy csomag
1 *Flasche*	egy üveg
1 *Glas*	egy pohár
1 *Gläschen*	egy kupica
1 *Tasse*	egy csésze
1 *Esslöffel*	egy evőkanál
1 *Krug* (½ l)	egy korsó
1 *Kasten*	egy rekesz
1 *Schachtel*	egy doboz
1 *Strauß*	egy csokor
1 *Portion*	egy adag
1 *Stück*	egy darab
1 *Schüssel*	egy tál
1 *Tüte*	1 zacskó
1 *Prise*	1 csipet

5 Das Adverb

Das Adverb bezeichnet Zeit, Ort, Modus, Grund, Ziel usw. der Handlung.
Adverbien beziehen sich entweder auf das Verb oder auf den ganzen Satz.
Letztere sind die Modaladverbien/Modalpartikeln.

Bildung von Adverbien

Nach der Art der Wortbildung unterscheiden wir:

- **selbständige Adverbien:**
  most – *jetzt,* itt – *hier*

- **Modaladverbien**, die aus Adjektiv und Modalsuffix gebildet werden:
  Im Weiteren werden die Modaladverbien behandelt.

a) Adjektiv + -n/-an/-en (gleicher Bindevokal wie vor dem Mehrzahl **-k**)
Nach den Adverbien fragt man mit **Hogyan?** – *Wie?*

-n/'-n	-an	-en
olcsó-olcsó**n** – *billig*	gyors-gyors**an** – *schnell*	szép-szép**en** – *schön*
drága-drágá**n** – *teuer*		hideg-hideg**en** – *kalt*
lusta-lustá**n** – *faul*	Ausnahmen:	zöld-zöld**en** – *grün*
	bátor-bátr**an** – *mutig*	nehéz-nehez**en** –
	lassú-lass**an** – *langsam*	*schwer/schwierig*
	hosszú-hossz**an** –	
	lang(e)	Ausnahme:
		könnyű-könny**en** – *leicht*

Olcsó**n** vettem ezt a kocsit. *Dieses Auto habe ich billig gekauft.*
Gyors**an** szaladj haza! *Lauf schnell nach Hause!*
Hideg**en** eszem a húst. *Ich esse das Fleisch kalt.*

b) Adjektiv + -l/-ul/-ül (**Hogyan?** – *Wie?*)
Das Suffix **-l/-ul/-ül** hat die gleiche Funktion wie **-n/-an/-en**.
Es wird u. a. bei Adjektiven auf **-tlan/-tlen**, **-talan/-telen** verwendet:

Szabálytalan**ul** ment át az úton. *Er/Sie ging regelwidrig über die Straße.*

Sótlan**ul** ette a levest. *Er/Sie aß die Suppe ungesalzen.*
 (wörtlich: *salzlos*)

Szótlan**ul** ült az asztalnál. *Er/Sie saß wortlos am Tisch.*

Das Suffix **-l/-ul/-ül** wird auch bei den Nationalitätennamen verwendet, wenn
man die Sprache benennt:

Angol**ul**, spanyol**ul** és magyar**ul** *Wir sprechen Englisch, Spanisch und*
beszélünk. *Ungarisch.*

Viele Modal- und Zustandsadverbien werden auf diese Weise gebildet:

A szomszédom jó**l**/rossz**ul**/remek**ül** *Mein Nachbar fühlt sich gut/schlecht/*
érzi magát. *blendend.*

c) Komparation des Adverbs

Aus Adjektiven gebildete Adverbien können – ebenso wie die Adjektive
(▶Kapitel Komparation des Adjektivs) – gesteigert werden.

magas + **-abb** = magas**abb** $\Big\}$ magas + **-abb** + **-an** = magas**abban**
magas + **-an** = magas**an**

Adjektiv		Adverb	
Positiv	**Komparativ**	**Positiv**	**Komparativ**
magas	magas**abb**	magas**an**	magas**abban**
Ez a ház magas. *Dieses Haus ist hoch.*	Éva háza magasabb. *Evas Haus ist höher.*	Péter is magasan lakik. *Péter wohnt auch hoch.*	Éva magasabban lakik, mint én. *Eva wohnt höher als ich.*
érdekes	érdekes**ebb**	érdekes**en**	érdekes**ebben**
Ez a könyv érdekes. *Dieses Buch ist interessant.*	Péter könyve érdekesebb. *Das Buch von Péter ist interessanter.*	János is érdekesen ír. *János schreibt auch interessant.*	Péter érdekesebben ír Jánosnál. *Péter schreibt interessanter als János.*

Ebenso erfolgt die Komparation im Superlativ und im absoluten Superlativ:

Éva lakik a legmagas**abban**.   *Eva wohnt am höchsten.*
Péter ír a legeslegérdekes**ebben**.   *Péter schreibt am allerinteressantesten.*

Die Komparation der nicht-adjektivischen Adverbien			
elöl – *vorn* előrébb legelöl	hátul – *hinten* hátrább leghátul/ leghátrább	lenn/lent – *unten* lejjebb alul – *unten* legalul	fenn/fent – *oben* feljebb legfelül
kinn/kint – *draußen* kijjebb legkijjebb	benn/bent – *drinnen* beljebb legbelül	egy kicsit – *ein wenig* kevésbé legkevésbé	nagyon – *sehr* inkább leginkább

Der Vergleich

Eigenschaften und Umstände können miteinander verglichen werden.
Eigenschaften werden mit Hilfe von Adjektiven, Umstände mit Hilfe von
Adverbien verglichen.

a) Vergleiche im einfachen Satz:

	Eigenschaft	Umstand
Gleich	–	–
Unterschiedlich	Péter ügyese**bb** Pál**nál**. *Péter ist geschickter als Paul.*	Attila gyorsa**bb**an fut Gergő**nél**. *Attila läuft schneller als Gergő.*
	Regel: Komparativ + ... **-nál/-nél**	
	Péter so**kkal** ügyese**bb** Pál**nál**. *Péter ist viel geschickter als Paul.*	Attila három perc**cel** gyorsa**bb**an ért célba Gergő**nél**. *Attila kam drei Minuten früher ins Ziel als Gergő.*
	Regel:	

Maß < **-val** / **-vel** + Komparativ + ... **-nál/-nél**

b) Vergleiche im zusammengesetzten Satz:

	Eigenschaft	Umstand
Gleich	Péter **olyan** ügyes, **mint** Pál. *Péter ist so geschickt wie Paul.*	Péter **úgy** fut, **mint** Pál. *Péter läuft wie Paul.* Péter **olyan** gyorsan fut, **mint** Pál. *Péter läuft so schnell wie Paul.*
	Regel: ...**olyan** + Adjektiv im Positiv, **mint** ...	Regel: ...**úgy** + Verb, **mint** ... ...**olyan** + Adverb im Positiv, **mint** ...
Unterschiedlich	Péter ügyese**bb**, **mint** Pál. *Péter ist geschickter als Paul.*	Attila gyorsa**bb**an fut, **mint** Gergő. *Attila läuft schneller als Gergö.*
	Regel: Komparativ + **mint** ...	
	Péter so**kkal** ügyese**bb**, **mint** Pál. *Péter ist viel geschickter als Paul.*	Attila három perc**cel** gyorsa**bb**an ért célba, **mint** Gergő. *Attila kam drei Minuten früher ins Ziel als Gergő.*
	Regel:	

Maß < **-val** / **-vel** + Komparativ + **mint** ...

c) Vergleich mit einer irrealen Aussage:

Rákóczi Ferenc **olyan** ezen
a festményen, **mintha** él**ne**.

*Ferenc Rákóczi sieht auf diesem
Gemälde (so) aus, als wäre er lebendig.*

A gyerek **úgy** fut, **mintha** kerget**nék**. *Das Kind rennt so, als würde man es jagen.*

A gyerek **olyan** gyorsan fut, **mintha**
kerget**nék**.

*Das Kind läuft so schnell, als würde man
es jagen.*

Regel: **olyan... / úgy** + Verb₁, **mintha** + Verb₂ im Konditional

Regel: **olyan... / úgy** + $Verb_1$, **mintha** + $Verb_2$ im Konditional

Deutsche Muttersprachler verwenden anstelle des Adverbs oft das
hier falsche Adjektiv. Um das zu vermeiden, beachten Sie folgende
Gegenüberstellungen:

Satzteilfunktion		
Prädikat	**Attribut**	**Modalbestimmung**
Im Singular		
ohne Endung: Attila okos. *Attila ist klug.*	**ohne Endung:** Az okos Attila sokat olvas. *Der kluge Attila liest viel.*	**mit Endung:** Attila okos**an** válaszolt. *Attila antwortete klug.*
Im Plural		
mit Endung: A gyerekeim okos**ak**. *Meine Kinder sind klug.*	**ohne Endung:** Az okos gyerekek sokat olvasnak. *Die klugen Kinder lesen viel.*	**mit Endung:** Gergő német**ül** és angol**ul** tanul. *Gergő lernt Deutsch und Englisch.*
Regeln:		
Das ungarische Adjektiv als Prädikat kann das Pluralzeichen bekommen.	Das Adjektiv bekommt in attributiver Rolle keine Endung.	Wenn das Eigenschaftswort ein Verb erweitert, wird es zum Adverb und erhält die Adverbialendung.
Fragen (im Singular / im Plural):		
Milyen? / Milyenek?	Milyen? / Milyenek?	Hogyan? / Hogy?

Es tut mir sehr leid wird mit **nagyon sajnálom** übersetzt;
***nagyon sajnos** wird nie gesagt!

Nagyon sajnálom, hogy hibáztam.
***Es tut mir sehr leid**, dass ich einen Fehler gemacht habe.*

Die satzwertigen Adverbien – Modaladverbien/Modalpartikeln – sind nie
betont – ist das Prädikat des Satzes ein präfigiertes Verb, bleibt das Präfix
immer vor dem Verb:

Végre elkészült az ebéd!   ***Endlich** ist das Mittagessen fertig!*

Adverbiale Funktion haben auch Substantive mit Adverbialendungen
(Kapitel Adverbialbestimmungen und Attribute) und die Modalpartikeln
(▶Kapitel Modalpartikeln).

6 Das Pronomen

Die Pronomen sind die wichtigsten Mittel, um die Wörter im Satz und die Sätze im Text zusammenzuhalten:

Azt add ide, és ne a **kéket**!

*Gib mir **den/die/das**, und nicht **den/die/das blaue(n)**.*

Diese Aufforderung ist nur dann zu verstehen, wenn man die Situation kennt. Nur dann kann der Hörer verstehen, ob es um eine blaue Jacke oder einen blauen Elefanten geht.

Die Pronomen ersetzen einzelne Nomen oder Nominalkonstruktionen:

A rendelőbe megyek.

*Ich gehe **in die Arztpraxis**.*

Oda megyek én is.

*Ich gehe auch **dorthin**.*

A Fehérvári úton levő, frissen felújított, szép, tiszta rendelőbe megyek, amelyben jó orvosok dolgoznak.

*Ich gehe in die **frisch renovierte, schöne, saubere Arztpraxis in der Fehérvári Straße**, wo gute Ärzte arbeiten.*

Oda megyek én is.

*Ich gehe auch **dorthin**.*

Das Personalpronomen

	1. Person	**2. Person**	**3. Person**
Singular	én – *ich*	te – *du*	ő – *er, sie, es*
Plural	mi – *wir*	ti – *ihr*	ők – *sie*

Im familiären Sprachgebrauch sowie unter Freunden werden die Anredeformen der 2. Person verwendet: **te** – *du* (Singular) sowie **ti** – *ihr* (Plural)
Die höflichen Anredeformen stehen in der 3. Person Singular und Plural:
Ön – *Sie* (Singular) sowie **Önök** – *Sie* (Plural)
Maga (Singular) und **Maguk** (Plural) gelten als formal und nicht besonders höflich.

 Im Gegensatz zum Deutschen werden im Ungarischen die Personalpronomen nur verwendet, wenn sie betont sind, ansonsten übernehmen die folgenden Suffixe deren Funktion:

- **Personalsuffix des Verbs**:

Nem tud**lak** elfelejteni!
A többiekkel együtt nap nap után emleget**ünk**.

*Ich kann **dich** nicht vergessen. Zusammen mit den anderen erwähnen **wir dich** Tag für Tag.*

- **Possessivsuffix**:

Ismételgetjük a szavai**d**at,
lapozgatjuk a könyvei**d**et.

*Wir wiederholen **deine** Worte, wir blättern in **deinen** Büchern.*

- **Personalsuffix des Infinitivs**:

Bár meg kell jegyezn**em**, írhatnál
egy kicsit többször is.

*Obwohl **ich** anmerken muss, dass du ein
bisschen öfter schreiben könntest.*

- **Personalpronomen in (verschiedenen) adverbialen Funktionen**:

Mióta elmentél, alig hallunk ról**ad**.
Pedig minden családtag felváltva ír
nek**ed.**

*Seit du weggegangen bist, hören wir kaum
von **dir**. Wo **dir** doch alle Familienmitglie-
der abwechselnd schreiben.*

Die Personalpronomen können – wie die Nomen – verschiedene
Satzteilfunktionen erfüllen. Die Grundformen (siehe oben) werden als Subjekt
im Satz verwendet:

Én dolgozom, **te** lustálkodsz.

Ich arbeite, du faulenzt.

Die Personalpronomen in verschiedenen Satzgliedfunktionen

	Akkusativ	Dativ	Adverbialbestimmungen			
	-t	-nak/-nek	-val/-vel	-ban/-ben	-ból/-ből	-ba/-be
(én)	engem	nekem	velem	bennem	belőlem	belém
(te)	téged	neked	veled	benned	belőled	beléd
(ő)	őt	neki	vele	benne	belőle	belé
(mi)	minket (bennünket)	nekünk	velünk	bennünk	belőlünk	belénk
(ti)	titeket (benneteket)	nektek	veletek	bennetek	belőletek	belétek
(ők)	őket	nekik	velük	bennük	belőlük	beléjük

	Adverbialbestimmungen						
	-n/-on/ -en/-ön	-ról/-ről	-ra/-re	-nál/-nél	-hoz/-hez/ -höz	-tól/-től	-ért
(én)	rajtam	rólam	rám	nálam	hozzám	tőlem	értem
(te)	rajtad	rólad	rád	nálad	hozzád	tőled	érted
(ő)	rajta	róla	rá	nála	hozzá	tőle	érte
(mi)	rajtunk	rólunk	ránk	nálunk	hozzánk	tőlünk	értünk
(ti)	rajtatok	rólatok	rátok	nálatok	hozzátok	tőletek	értetek
(ők)	rajtuk	róluk	rájuk	náluk	hozzájuk	tőlük	értük

Pronominale Formen der Postpositionen

	Honnan?	Woher?
(én)	alólam mellőlem mögülem előlem	*unter mir hervor* *neben mir weg* *hinter mir hervor* *vor mir weg*
(te)	alólad / mellőled / mögüled / előled	*unter dir hervor / ...*
(ő)	alóla / mellőle / mögüle / előle	*unter ihm/ihr hervor / ...*
(mi)	alólunk / mellőlünk / mögülünk / előlünk	*unter uns hervor / ...*
(ti)	alólatok / mellőletek / mögületek / előletek	*unter euch hervor / ...*
(ők)	alóluk / mellőlük / mögülük / előlük	*unter ihnen hervor / ...*

	Hol?	Wo?
(én)	alattam fölöttem (felettem) mellettem mögöttem előttem körülöttem	*unter mir* *über mir* *neben mir* *hinter mir* *vor mir* *um mich herum*
(te)	alattad / fölötted (feletted) / melletted / mögötted / előtted / körülötted	*unter dir / ...*
(ő)	alatta / fölötte (felette) / mellette / mögötte / előtte / körülötte	*unter ihm / ...*
(mi)	alattunk / fölöttünk (felettünk) / mellettünk / mögöttünk / előttünk / körülöttünk	*unter uns / ...*
(ti)	alattatok / fölöttetek (felettetek) / mellettetek / mögöttetek / előttetek / körülöttetek	*unter euch / ...*
(ők)	alattuk / fölöttük (felettük) / mellettük / mögöttük / előttük / körülöttük	*unter ihnen / ...*

	Hová?	Wohin?
(én)	alám fölém mellém mögém elém körém	*unter mich* *über mich* *neben mich* *hinter mich* *vor mich* *um mich herum*
(te)	alád / föléd / melléd / mögéd / eléd / köréd	*unter dich / ...*
(ő)	alá / fölé / mellé / mögé / elé / köré	*unter ihn / ...*
(mi)	alánk / fölénk / mellénk / mögénk / elénk / körénk	*unter uns / ...*
(ti)	alátok / fölétek / mellétek / mögétek / elétek / körétek	*unter euch / ...*
(ők)	alájuk / föléjük / melléjük / mögéjük / eléjük / köréjük	*unter sie / ...*

Das Possessivpronomen

Es gibt zwei Typen von Possessivpronomen:

a) Der Besitzer eines Gegenstandes wird mit dem **Possessivpronomen(1)** bezeichnet. Dieses Pronomen entspricht – außer in der 3. Person Plural – dem Personalpronomen:

Possessivpronomen (1)		Personalpronomen	
az **én** kutyám	*mein Hund*	**én** olvasok	*ich lese*
a **te** kutyád	*dein Hund*	**te** olvasol	*du liest*
az **ő** kutyája	*sein/ihr Hund*	**ő** olvas	*er/sie/es liest*
a **mi** kutyánk	*unser Hund*	**mi** olvasunk	*wir lesen*
a **ti** kutyátok	*euer Hund*	**ti** olvastok	*ihr lest*
az **ő** kutyájuk(**!**)	*ihr Hund*	**ők** olvasnak(**!**)	*sie lesen*

Das Possessivpronomen(1) wird als Attribut verwendet, es wird nur dann gebraucht, wenn es besonders betont werden soll.

b) Wenn der Besitzer das Prädikat des Satzes darstellt, wird **das Possessivpronomen(2)** verwendet:

Ez a könyv az **enyém**.
Dieses Buch gehört mir.

Ezek a könyvek az **enyémek/enyéim**.
Diese Bücher gehören mir.

Ez a könyv a **tied**.
Dieses Buch gehört dir.

Ezek a könyvek a **tieid**.
Diese Bücher gehören dir.

Ez a könyv az **övé**.
Dieses Buch gehört ihm/ihr.

Ezek a könyvek az **övéi**.
Diese Bücher gehören ihm/ihr.

Ez a könyv a **mienk**.
Dieses Buch gehört uns.

Ezek a könyvek a **mieink**.
Diese Bücher gehören uns.

Ez a könyv a **tietek**.
Dieses Buch gehört euch.

Ezek a könyvek a **tieitek**.
Diese Bücher gehören euch.

Ez a könyv az **övék**.
Dieses Buch gehört ihnen.

Ezek a könyvek az **övéik**.
Diese Bücher gehören ihnen.

Kié ez a kutya?

Wem gehört dieser Hund?

Az **enyém, tied**...

Er gehört mir, dir, ... / Er ist meiner, deiner, ...

Das Possessivpronomen(1) hat bis auf die 3. Person Plural die gleiche Form wie das Personalpronomen. Es darf nicht mit dem Possessivpronomen(2) verwechselt werden. Diese, den deutschen Personalpronomen (*mein, dein, ...*) anscheinend ähnlichen Wörter werden nur im Prädikat des Satzes verwendet, ansonsten steht für das deutsche *mein, dein, ...* immer die oben beschriebene Besitzkonstruktion. Das Possessivpronomen(1) **in attributischer Funktion** steht **vor dem Besitztum**:

Ez az **én** kutyám.

*Das ist **mein** Hund.*

Das Possessivpronomen(2) **in prädikativer Funktion** steht **nach dem Besitztum**.

Ez a kutya az **enyém.**

*Dieser Hund **gehört mir.***

(▶Kapitel Das Substantiv in Besitzverhältnissen)

Das Demonstrativpronomen

Demonstrativpronomen ersetzen oder begleiten Nomen oder nominale Konstruktionen.

 Werden **ez** und **az** als Attribut gebraucht, bekommen sie die Endungen des Satzglieds, auf das sie sich beziehen. Im Gegensatz zum Deutschen steht zwischen Demonstrativpronomen und Substantiv immer der bestimmte Artikel: ez **a** könyv – *dieses Buch* (wörtlich: *dieses das Buch*)

Ez**t** a könyve**t** kérem.	*Ich möchte dieses Buch.*
Ez**t** kérem.	*Ich möchte dieses.*
Eb**ben** a ház**ban** lakom.	*Ich wohne in diesem Haus.*
Eb**ben** lakom.	*Ich wohne in diesem.*

Die Demonstrativpronomen in possessiver Funktion bekommen das Suffix **-nak/-nek + bestimmten Artikel**:

Ennek az embernek a feleségével dolgozom együtt.
Ich arbeite mit der Frau dieses Mannes zusammen.

Annak a barátomnak a motorjáról meséltem.
Ich habe vom Motorrad jenes Freundes erzählt.

Postpositionen verhalten sich wie Endungen:

Ez **alatt** a szék **alatt** üldögél a kutya.
Der Hund sitzt unter diesem Stuhl.

E **mellett** a piros ház **mellett** kell balra fordulni.
Neben diesem roten Haus muss man links abbiegen.

A **fölé** a komód **fölé** akaszd a lámpát!
Hänge die Lampe über diese Kommode dort!

Demonstrativpronomen, die ein Adjektiv ersetzen, werden wie Adjektive suffigiert – sie bekommen die Suffixe nur in Ersatzfunktion, in begleitender Funktion stehen sie ohne Endung:

Ilyen szokny**át** akarok venni.	*Ich will einen solchen Rock kaufen.*
Ilye**t** akarok venni.	*Einen solchen will ich kaufen.*
Olyan kocsi**ban** még nem ültem.	*In einem solchen Auto habe ich noch nicht gesessen.*
Olyan**ban** még nem ültem.	*In einem solchen habe ich noch nicht gesessen.*

Die Suffigierung der Demonstrativpronomen:

	ez, az	ilyen, olyan	ennyi, annyi
-t	ezt, azt	ilyet, olyat	ennyit, annyit
-nak/-nek	ennek, annak	ilyennek, olyannak	ennyinek, annyinak
-ba/-be	ebbe, abba	ilyenbe, olyanba	ennyibe, annyiba
-ban/-ben	ebben, abban	ilyenben, olyanban	ennyiben, annyiban
-ból/-ből	ebből, abból	ilyenből, olyanból	ennyiből, annyiból
-val/-vel	ezzel, azzal evvel, avval	ilyennel, olyannal	ennyivel, annyival
-n/-on/-en/-ön	ezen, azon	ilyenen, olyanon	ennyin, annyin
-ra/-re	erre, arra	ilyenre, olyanra	ennyire, annyira
-ról/-ről	erről, arról	ilyenről, olyanról	ennyiről, annyiról
-nál/-nél	ennél, annál	ilyennél, olyannál	ennyinél, annyinál
-hoz/-hez/-höz	ehhez, ahhoz	ilyenhez, olyanhoz	ennyihez, annyihoz
-tól/-től	ettől, attól	ilyentől, olyantól	ennyitől, annyitól
-ig	eddig, addig	ilyenig, olyanig	–
-kor	ekkor, akkor	ilyenkor, olyankor	–
-vá/-vé	ezzé, azzá	ilyenné, olyanná	ennyivé, annyivá
-ként	ekként, akként	–	–
-szor/-szer/-ször	–	–	ennyiszer, annyiszor
Als Possessivattribut	ennek a, annak a	ilyennek a, olyannak a	ennyinek a, annyinak a

Die Suffigierung der Demonstrativpronomen im Plural:

Pronominaler Stamm +	Pluralzeichen +	Suffix	
ez, az +	-ek/-ok +	-t -ban/-ben -tól/-től	= ezeket, azokat = ezekben, azokban = ezektől, azoktól
ilyen, olyan +	ilyenek, olyanok +	-t -ban/-ben -tól/-től	= ilyeneket, olyanokat = ilyenekben, olyanokban ilyenektől, olyanoktól

Statt **olyan nagy, ilyen nagy** – *so groß* wird oft **akkora, ekkora**, statt **olyan nagyon, ilyen nagyon** – *so sehr* wird oft **annyira, ennyire** gebraucht:

Akkora fagyit vett, hogy nem tudta megenni.	*Er/sie hat ein **so großes** Eis gekauft, dass er/sie es nicht aufessen konnte.*
Nézd, **ekkora** fagyit ettem tegnap!	*Schau, ein **so großes** Eis habe ich gestern gegessen!*
Annyira fájt a fejem, hogy nem tudtam aludni.	*Mir tat der Kopf **so sehr** weh, dass ich nicht schlafen konnte.*
Ennyire meghajlott a fa a széltől.	***So sehr** hat sich der Baum durch den Wind geneigt.*

Im zusammengesetzten Satz haben die Pronomen mit dunklen Vokalen (**az, azt, abban** usw.) eine wichtige grammatische Funktion. Als hinweisendes Wort nehmen sie im Hauptsatz die Stelle des Satzgliedes ein, auf das sich der Nebensatz bezieht:

Azt a ruhát kérem, amelyik a második polcon van.	*Ich möchte **jenes** Kleid, das auf dem zweiten Regal liegt.*

Die Demonstrativpronomen mit hellem Vokal (**ez, ezt, ebben** usw.) erfüllen diese Funktion nicht. Sie können stattdessen die Verbindung zum vorher Gesagten herstellen:

A második polcon van egy érdekes könyv. **Ezt** kérem.	*Im zweiten Regal liegt ein interessantes Buch. **Dieses** möchte ich.*
Ezt a könyvet kérem, itt ni!	***Dieses** Buch möchte ich, das hier!*

Anstelle der pronominalen Ortsadverbien **abban a/az ..., ebben a/az ..., abból a/az ..., ebből a/az ..., attól a/az ..., ettől a/az ...** usw. wird oft das Pronominaladverb (die kurze Form des Ortsadverbs) verwendet:

Honnan? – *Woher?*	Hol? – *Wo?*	Hová? – *Wohin?*
innen, onnan	**itt, ott**	**ide, oda**

In diesen Situationen hat der Hörer ganz konkrete Vorstellungen, worum es im Diskurs geht; deshalb genügt es, wenn der Sprecher mit kurzen Pronomen auf das Thema hinweist:

Onnan jövök, ahová te mész.	*Ich komme **von dort**, wohin du gehst.*
Innen jövök csak, a sarokról.	*Ich komme nur **von hier**, von der Ecke.*
Oda megyek, ahol nyugodtan tudok dolgozni.	*Ich gehe **dorthin**, wo ich ruhig arbeiten kann.*
Ott lakom, ahol Péter.	*Ich wohne **dort**, wo Péter wohnt.*

Mit **ugyan** erweiterte Demonstrativpronomen bringen Identität zum Ausdruck:

Ugyanazt a könyvet olvasom, amit te.	*Ich lese dasselbe Buch wie du.*
Én is **ugyanolyat** kérek**.**	*Ich möchte auch so eine(n/s).*
A fiam **ugyanannyi** idős, mint a tied.	*Mein Sohn ist gleich alt wie deiner.*

Das Fragepronomen

Satzteilfunktion	Wortart: Substantiv	
	Person	**Gegenstand**
Subjekt / Prädikat	Ki? – *Wer?*	Mi? – *Was?*
Attribut / Prädikat	–	–
	Kié? – *Wem gehört?*	Mié? – *Zu was/Wozu gehört?*
	Kinek a...? – *Wessen?*	Minek a...? – *Wessen?*
Akkusativobjekt	Kit? – *Wen?*	Mit? – *Was?*
Adverbial-bestimmungen	Kiben? – *In wem?* Kinél? – *Bei wem?* Kihez? – *Zu wem?* Kivel? – *Mit wem?* Ki fölött? – *Über wem?* ...	Miben? – *Worin?* Minél? – *Wobei?* Mihez? – *Wozu?* Mivel? – *Womit?* Mi mellett? – *Neben was?* ...

Satzteilfunktion	Wortart: Adjektiv	
	Allgemeine Qualität	**Bestimmt**
Subjekt / Prädikat	–	–
Attribut / Prädikat	Milyen? – *Wie?* Mekkora? – *Wie groß?*	Melyik? – *Welcher/Welche/Welches?*
	–	Melyiké? – *Welchem gehört*? Melyiknek a...? – *Wessen?*
Akkusativobjekt	Milyet? – *Was für ein(e/en)?*	Melyiket? – *Welche(n/s)?*
Adverbial-bestimmungen	Milyennél? – *Bei was für einem/einer?* Milyenné? – *Zu was für einem/einer?* Milyenért? – *Für was für eine(n/s)?*...	Melyiknél? – *Bei welchem/welcher?* Melyikké? – *Zu welchem/welcher?* Melyikért? – *Für welche(n/s)? ...*

Satzteilfunktion	Wortart: Zahlwort	
	Zählbar	Unzählbar
Subjekt / Prädikat	–	–
Attribut / Prädikat	Hány? – *Wie viel?* Hányadik/Hanyadik? *Der/Die/Das Wievielte?*	Mennyi? – *Wie viel?*
	Hányadiké? – *Der/* *Die/Das des/der* *Wievielten...?* Hányadiknak a...? – *...dem/der Wievielten?*	Mennyinek a...? – *...von wie viel?*
Akkusativobjekt	Hányat? – *Wie viel?* Hányadikat? – *Den/Die/* *Das Wievielte(n)?*	Mennyit? – *Wie viel?*
Adverbial- bestimmungen	Hánynál? – *Bei wie viel?* Hányadiknál? – *Bei dem/der Wievielten?* Hányadikról? – *Über den/die/das* *Wievielte?* Hányról? – *Über wie viel?* ...	Mennyiért? – *Für wie* *viel?* Mennyivel? – *Mit wie* *viel?* ...

Die Pronomen **Ki?** – *Wer?* **Mi?** – *Was?* **Miben?** – *Worin?* **Kiről?** – *Über wen?*
Milyen? – *Was für ein/eine...?* können auch in den Plural gesetzt werden:
Kik? Mik? Mikben? Kikről? Milyenek?

Der Plural von **Melyik?** ist **Melyek?**:

Itt vannak ezek az értékes könyvek. *Hier sind diese wertvollen Bücher.*

Melyeket szeretnéd hazavinni? *Welche möchtest du mit nach Hause nehmen?*

Statt **Milyen nagy?**, **Milyen nagyok?** wird oft **Mekkora?**, **Mekkorák?** gebraucht:

Mekkorák ezek a gyerekek! *Wie groß sind diese Kinder!*

Adverbiale Fragepronomen:

Honnan? – *Woher?*		Hol? – *Wo?*		Hova/Hová? – *Wohin?*	
Merről?	– *Aus welcher* *Richtung?*	Hogyan? Hogy?	– *Wie?*	Merre?	– *In welche* *Richtung?*
Mettől?	– *Von wo?* – *Von/Ab* *wann?*	Mikor?	– *Wann?*	Meddig?	– *Wie weit?* – *Wie lange?* – *Bis wann?*
Mikortól?	– *Von/Ab* *wann?*	Mennyi ideig?	– *Wie* *lange?*	–	–

Merre? bedeutet *Wo?* und *Wohin?/In welche Richtung?*:

Merre van a pályaudvar?	*Wo befindet sich der Bahnhof?*
Merre menjek, ha a Bosnyák térre akarok eljutni?	*Wohin/In welche Richtung muss ich gehen, um zum Bosnyák-Platz zu gelangen?*

Nach der Art und Weise fragt man mit **Hogy**/**Hogyan?**:

Hogy vagy?	*Wie geht es dir?*
Hogy mondják magyarul, hogy „Wiener Schnitzel"?	*Wie sagt man auf Ungarisch „Wiener Schnitzel"?*

Das Relativpronomen und die hinweisenden Bezugswörter

Siehe dazu auch das ▶ Kapitel Relativsätze.

Die Relativpronomen werden aus den Fragepronomen durch ein vorgesetztes **a** gebildet:
a + hol = **ahol**, a + ki = **aki**, a + mi = **ami**, a + melyik = **amelyik**, a + kiről = **akiről** usw.

Relativpronomen leiten in zusammengesetzten Sätzen die Nebensätze ein:

A barátom abban a faluban él, **amelyikben** Nagy László született.	*Mein Freund lebt in jenem Dorf,* **in** **dem** *László Nagy geboren wurde.*

Form und Suffigierung des Relativpronomens richten sich nach der Satzgliedfunktion des Wortes, das es im Nebensatz ersetzt:

A kulcsot abban a táskában tartom, **amelyikben** az igazolványaimat.	*Ich bewahre meinen Schlüssel in jener Tasche auf,* **in der** *ich meine Ausweise habe.*

Hat das gemeinsame Wort unterschiedliche Funktionen im Haupt- und Nebensatz, dann wird das Suffix des Relativpronomens der Funktion im Nebensatz entsprechend gewählt:

Azok a színészek játszanak az új filmben, **akikről** az újságban olvastam.	*Jene Schauspieler spielen in dem neuen Film mit,* **über die** *ich in der Zeitung gelesen habe.*

Oft fehlt das hinweisende Pronomen in Sätzen, deren Nebensatz mit **ami/aki** eingeleitet wird:

Egyél meg mindent, **ami** a tányérodon van!	*Iss alles auf,* **was** *du auf deinem Teller hast!*
Akik fontosak, (azok) eljöttek.	*Es kamen die,* **die** *wichtig sind.*

Die hinweisenden Bezugswörter stehen im Hauptsatz; der Form nach sind sie Demonstrativpronomen. Form und Suffigierung des hinweisenden Pronomens richten sich nach der Satzgliedfunktion, die es im Hauptsatz erfüllt:

Arról az ember**ről** meséltem, akivel tegnap találkoztam.	*Ich habe* **über jenen** *Mann erzählt, den ich gestern getroffen habe.*

Ist das Wort nicht besonders betont oder nicht spezifisch, kann das hinweisende Pronomen wegfallen:

Meséltem egy emberről, akivel tegnap találkoztam.	*Ich habe über einen Mann erzählt, den ich gestern getroffen habe.*

Haben Hörer und Sprecher genaue Informationen über das Thema, so genügt es, die kategoriale Form des Bezugswortes und/oder des Relativpronomens zu verwenden:

Ott lakom, ahol Péter.	*Ich wohne dort, wo Péter wohnt.*
Olyan vagy, mint a bátyád.	*Du bist so wie dein älterer Bruder.*

Die Reihenfolge von Haupt- und Nebensatz kann unterschiedlich sein:

Elintéztem, amit kellett.	*Ich habe erledigt, was ich musste.*
Amit kellett, elintéztem.	*Was ich musste, habe ich erledigt.*

Bezieht sich der Inhalt des Hauptsatzes nicht auf ein einzelnes Satzglied, sondern auf die Gesamtaussage des Nebensatzes, dann wird anstelle des Relativpronomens die Konjunktion **hogy** verwendet:

Arról beszéltünk, **hogy** hova utazzunk a nyáron.	*Wir haben darüber gesprochen, wohin wir im Sommer reisen.*
A mama **azt** mondta, **hogy** ki kell takarítanunk.	*Die Mama hat gesagt, dass wir sauber machen müssen.*

Das verneinende Indefinitpronomen, Indefinit- und Universalpronomen

senki – niemand	valaki – *jemand*
semmi – *nichts*	valami – *etwas*
semelyik – *keine(r/s)*	valamelyik – *irgendeine(r/s)/*
semmikor/soha – *nie*	*irgendwelche(r/s)*
...	valamikor – *irgendwann*
	...
akárki/bárki – *wer auch immer*	mindenki – *alle* – auf Menschen
akármi/bármi – *was auch immer*	bezogen
akármelyik/bármelyik	minden – *alles*
welcher/welche/ welches auch immer	mindegyik – *jeder/jede/jedes*
akármikor/bármikor – *wann (auch)*	mindig – *immer*
immer	...
...	

Weitere sind: **némelyek** – *manche,* **néha** – *manchmal,* **némi** – *einige.*

Wenn die obigen Pronomen vor einem Substantiv stehen, bekommen sie keine Endung. Sind sie aber selbständig, so können sie alle Substantivendungen annehmen:

Senki**t** sem ismerek ebben a városban.	*Ich kenne niemanden in dieser Stadt.*
Akármikor jössz Budapestre, látogass meg!	*Wann immer du nach Budapest kommst, besuche mich!*

Weiteres dazu im ▶Kapitel Verneinende Sätze.

Pronominal werden noch **egyik** – *der/die/das eine*, **másik** – *der/die/das andere*, **mások** – *die anderen*, **a többi** – *die anderen*, **többek** – *andere*, **a többiek** – *die anderen* gebraucht:

Öten velünk jöttek, de a **többiek** inkább otthon maradtak.	*Fünf sind mit uns mitgekommen, die anderen sind lieber zu Hause geblieben.*
Máskor ne gyere ilyen későn haza!	*Andermal komm nicht so spät nach Hause!*
Nem a zöld ruhámat veszem fel, a **másikban** megyek.	*Ich ziehe nicht das grüne Kleid an, ich gehe in dem anderen.*

Das Reflexiv- und Reziprokpronomen

Reflexivpronomen: **maga-** mit den entsprechenden Endungen:

Nézem magam(**at**) a tükörben.	*Ich schaue mich im Spiegel an.*
Veszek magam**nak** egy új cipőt.	*Ich kaufe mir ein Paar neue Schuhe.*
Magam**mal** viszem a gyereket vásárolni.	*Ich nehme das Kind mit (mir) zum Einkaufen.*
Te mindig csak magad**ra** gondolsz.	*Du denkst immer nur an dich.*
Péter gyakran beszél magá**ban**.	*Péter spricht oft mit (wörtlich: in) sich selbst.*
Menj a magadé**val**!	*Geh mit dem, was dir gehört! (wörtlich: dem deinen)*

Die Grundformen der Reflexivpronomen:

	1. Person	2. Person	3. Person
Singular	magam	magad	maga
Plural	magunk	magatok	maguk

Diese Grundformen können

• als betontes Subjekt gebraucht werden:

Magam megyek, ne gyere velem!	*Ich gehe allein, komm nicht mit!*
Magunk oldjuk meg ezt a feladatot.	*Wir lösen diese Aufgabe selbst.*

• als Besitzer gebraucht werden:

Törődj a magad dolgával!	*Kümmere dich um deine Sachen!*

Die Akkusativendung ist fakultativ, deshalb können die Grundformen auch als Akkusativobjekt verstanden werden:

Miért nézegetitek **magatok(at)** olyan sokáig a tükörben?	*Warum schaut ihr euch so lange im Spiegel an?*

Maga wird auch als Personalpronomen der formalen, aber nicht besonders höflichen Anredeform gebraucht:

Maga már megint mit keres itt?	*Was suchen Sie schon wieder hier?*
Maga marha, nem tud vigyázni?	*Sie Blödmann, können Sie nicht aufpassen?*

Reziprokpronomen **egymás-** mit den entsprechenden Endungen:

Juli és Péter nagyon szereti **egymást.**	*Juli und Péter lieben **einander** sehr.*
Gyakran vesznek **egymásnak** ajándékot.	*Sie kaufen **füreinander** oft Geschenke.*

7   Der Infinitiv und die Partizipien

Der Infinitiv und die Partizipien sind Übergangswortarten, die Eigenschaften von Verben und anderen Wortarten (Substantiven, Adjektiven und Adverbien) in sich vereinigen.

Der Infinitiv

 Im Gegensatz zum Deutschen ist der Infinitiv im Ungarischen nicht die Grundform des Verbs. Er wird aus dem Verbstamm mit der Endung **-ni** (bei Verben auf **-ít** oder Doppelkonsonant mit **-ani/-eni**) gebildet.

Er wird verwendet:

- Als **Teil des Prädikats:**

  Holnap korán **kell kelnünk.**   *Morgen müssen wir früh aufstehen.*

- Als **Subjekt:**

  Olyan jó végre **aludni**!   *Es ist so gut, endlich zu schlafen.*

  Jó lenne **elérni** a vonatot!   *Es wäre gut, den Zug zu erreichen.*

- Als **Akkusativobjekt:**

  Hallom **dudálni** a kocsit.   *Ich höre das Auto hupen.*

- Als **Ortsadverbium auf die Frage** *Wohin?***:**

  – Hová mész?   *– Wohin gehst du?*
  – **Zuhanyozni.**   *– Duschen.*

  Igyekszem pontosan **hazaérni.**   *Ich bemühe mich, pünktlich nach Hause zu kommen.*

- Als **Finalbestimmung:**

  Elküldtem a gyereket **vásárolni.**   *Ich habe das Kind einkaufen geschickt.*

Die deutschen Finalsätze sind nicht immer mit einer einfachen Infinitivkonstruktion zu übersetzen, nur in folgenden Fällen:

- **Wenn Haupt- und Nebensatz dasselbe Subjekt haben:**

  Azt szeretném, hogy megálljam a helyem az új munkahelyemen.   *Ich möchte, dass ich an meinem neuen Arbeitsplatz meinen Mann stehe.*

  Szeretném megállni a helyem az új munkahelyemen.   *Ich möchte an meinem neuen Arbeitsplatz meinen Mann stehen.*

- **Wenn die Handlung des Hauptsatzes auf das Subjekt des Nebensatzes zielt:**

  Elküldöm a gyereket egy jó iskolába, hogy tanuljon.   *Ich schicke das Kind in eine gute Schule, damit es lerne.*

  Elküldöm a gyereket egy jó iskolába tanulni.   *Ich schicke das Kind in eine gute Schule zum Lernen.*

Veszek a gyereknek egy olcsó gitárt, hogy gyakoroljon.	*Ich kaufe dem Kind eine preiswerte Gitarre, damit es übe.*
Veszek a gyereknek egy olcsó gitárt gyakorolni.	*Ich kaufe dem Kind eine preiswerte Gitarre zum Üben.*

Suffigierung des Infinitivs

Der Infinitiv erscheint meist als Teil des Prädikats zusammen mit Hilfsverben oder hilfsverbartigen Adjektiven. Oft hat der Satz eine Allgemeingültigkeit ohne Personenbezug, dann wird der reine Infinitiv gebraucht:

Az iskolában jól **kell tanulni**.	*In der Schule muss man gut lernen.*
Szükséges és **fontos odafigyelni** az órákon.	*Es ist notwendig und wichtig im Unterricht aufzupassen.*

Bezieht sich das Prädikat auf eine bestimmte Person, dann kann der Infinitiv die entsprechende Personalendung bekommen:

Holnap el **kell** menn**em** orvoshoz.	*Morgen muss ich zum Arzt gehen.*
Annyira **fontos volt** telefonáln**od** Istvánnak? (Annyira fontos volt, hogy telefonálj Istvánnak?)	*War es so wichtig für dich, mit István zu telefonieren?*

Die Personalsuffixe des Infinitivs:

(nekem)	meg kell **várnom** Pétert *ich muss auf Péter warten*	el kell **mennem** *ich muss gehen*
(neked)	meg kell **várnod** Pétert *du musst …*	el kell **menned** *du musst …*
(neki)	meg kell **várnia** Pétert	el kell **mennie**
(nekünk)	meg kell **várnunk** Pétert	el kell **mennünk**
(nektek)	meg kell **várnotok** Pétert	el kell **mennetek**
(nekik)	meg kell **várniuk** Pétert	el kell **menniük**

(▶Kapitel Die Hilfsverben)

Die Partizipien

Die Partizipien Präsens und Präteritum verhalten sich grammatisch wie Adjektive, hinsichtlich ihrer Bedeutung aber wie Verben.

Partizip Präsens

Das **Partizip Präsens** bezeichnet eine Handlung, die mit dem Prädikat gleichzeitig verläuft:

Az alvó kislány mosolyog.	*Das schlafende Mädchen lächelt.*
A zuhogó esőben jól megáztunk.	*Im strömenden Regen sind wir ordentlich durchgeweicht.*

Funktionen des Partizip Präsens:
- **Attribut:**

A síró kisgyereket mindenki vígasztalta.

Alle trösteten das weinende Kleinkind.

- **Nominaler Teil des zusammengesetzten Prädikats:**

Ez a ház eladó (volt).

Dieses Haus ist (war) zu verkaufen.
(wörtlich: *verkaufend*)

- **Adverb (mit adverbialer Endung):**

Csalódottan legyintett.

Enttäuscht winkte er/sie ab.

Békítőleg felemelte a kezét.

Versöhnlich hob er/sie die Hand.

- **Substantiv:**

olvasó – *Leser*

hallgató – *Hörer/Student*

- **Erster Teil von Komposita: Mittel der Handlung, Ort der Handlung:**

mosó(szer) – *Waschmittel*

váró(terem) – *Wartesaal*

Das Partizip Präsens wird aus dem verbalen Stamm mit der Endung -ó/-ő gebildet:

sír – *weinen*   + **-ó**   = síró – *weinende(r/s)*
néz – *schauen*   + **-ő**   = néző – *schauende(r/s); Zuschauer*

Partizip Perfekt

Das **Partizip Perfekt** bezeichnet einen verbalen Inhalt, der zum Zeitpunkt der Handlung schon abgeschlossen, beendet ist:

Péter az elolvasott könyvet visszatette a polcra.

Péter legte das gelesene Buch auf das Regal zurück.

Das Partizip Perfekt wird oft aus transitiven Verben gebildet, es hat dann passive Bedeutung:

A mama a kimosott ruhát a szekrénybe teszi.

Die Mama legt das gewaschene Kleid in den Schrank.

Wird das Partizip Perfekt aus einem intransitiven Verb gebildet, dann hat es aktive Bedeutung:

Az elkésett levél sok gondot okozott (nekem).

Der verspätete Brief hat (mir) viel Sorgen gemacht.

A tapasztalt utazót nem lehetett becsapni.

Den erfahrenen Reisenden kann man nicht betrügen.

Das Partizip Perfekt hat meist die gleiche Form wie die 3. Person Singular Präteritum:

A gyerek kezet **mosott**.

Das Kind hat sich die Hände gewaschen.

A **mosott** ruha megszáradt.

Das gewaschene Kleid ist getrocknet.

Manchmal wird das Partizip Perfekt aus einer älteren Vergangenheitsform gebildet:

A szomszéd meg**halt**.	*Der Nachbar ist gestorben.*
A **halottat** örök nyugalomra helyezték.	*Den Toten* (wörtlich: *Gestorbenen*) *hat man zur ewigen Ruhe gebettet.*

Präfigierte Verben behalten ihr Verbalpräfix, wenn es um einen einmaligen, konkreten Akt geht:

A **megfőtt** húst vedd ki a levesből!	*Nimm das (gar) gekochte Fleisch aus der Suppe.*

Bezeichnet das Partizip Perfekt eine dauerhafte Eigenschaft, dann fällt das Präfix weg:

Minden vasárnap **főtt** húst eszünk szósszal.	*Wir essen jeden Sonntag gekochtes Fleisch mit Soße.*

Partizip Futur

Das **Partizip Futur** wird selten gebraucht. Es bezeichnet eine Handlung, die nur geplant, beabsichtigt ist:

Az elolvasandó könyveket a polc jobb oldalára tesszük.	*Die zu lesenden Bücher legen wir auf die rechte Seite des Regals.*

Das Partizip Futur wird aus dem verbalen Stamm mit der Endung **-andó/-endő** gebildet: elolvasandó – *zu lesende(r/s)*, megnézendő – *zu sehende(r/s)*. Das Partizip Futur tritt im Satz als Attribut auf, seine Bedeutung ist oft passiv, es wird meist aus präfigierten Verben gebildet.

Das Adverbialpartizip

Das Adverbialpartizip hat ebenfalls verbale Bedeutung, wird aber wie ein Adverb verwendet. Es wird mit der Endung **-va/-ve** gebildet:

A gyerekek **énekelve** mentek az országúton.	*Die Kinder gingen singend die Landstraße entlang.*

Wird es aus einem nicht präfigierten Verb gebildet, dann bezeichnet es eine, mit dem Prädikat gleichzeitig verlaufende Handlung. Wird es aus einem präfigierten Verb gebildet, bezeichnet es eine vorher abgeschlossene Handlung:

A szobába lépve megbotlott.	*Beim Betreten des Zimmers stolperte er/sie.*
A szobába belépve meggyújtotta a villanyt.	*Nachdem er/sie das Zimmer betreten hatte, machte er/sie das Licht an.*

Als **Adverbialbestimmung** verwendet bezeichnet das Adverbialpartizip aktives Handeln:

A gyerek dühöngve becsapta az ajtót.	*Das Kind schmiss wütend die Tür zu.*

Als Teil des zusammengesetzten Prädikats drückt es Passivität aus:

Az ajtót zárva találták.	*Sie fanden die Tür verschlossen vor.*
Az ajtó zárva volt.	*Die Tür war verschlossen.*

Verwendung der Partizipien

Partizip Präsens, Perfekt und Futur (Adjektivpartizip)

– Sie sind das **Attribut** zu einem Nomen.

– Abhängig vom Verb haben sie aktive oder passive Bedeutung.

– Nur das Partizip Präsens kann im Satz als Prädikat stehen.

Adverbialpartizip

– Es erweitert als **Adverb** das Verb.

– Es hat immer aktive Bedeutung.

– Es ist Teil des zusammengesetzten Prädikats.

Das Partizip Präsens kann auch ein geplantes Ereignis bezeichnen:

Ez a ház **kiadó**.   *Dieses Haus ist zu vermieten*.

Das Adverbialpartizip kann auch ein bereits geschehenes Ereignis ausdrücken:

Ez a ház **már ki van adva**.   *Dieses Haus ist schon vermietet*.

Das erweiterte Partizip

Das Partizip als Attribut kann wie im Deutschen erweitert werden:

A könyv az asztalon **van**.   Add ide az **asztalon levő** könyvet!

Das Buch ist auf dem Tisch.   *Gib mir das auf dem Tisch befindliche Buch*.

Levő wird bei statischen Verben gebraucht, die auf die Frage *Wo?* antworten:

a **szekrényben levő** ruhák   *die Kleider im Schrank*

a **szobában levő** rendetlenség   *die Unordnung im Zimmer*

Való wird bei dynamischen Verben gebraucht – bei Verben, die auf die Frage *Wohin/Woher?* antworten:

a szomszéd **faluból való** barátnőm   *meine Freundin aus dem Nachbardorf*

a **kabátra való** gomb   *der an den Mantel gehörende Knopf*

Der Unterschied zwischen levő und való

• Die Konstruktion „a szomszéd **faluból való** barátnőm" bedeutet: meine Freundin, die aus dem Nachbardorf kommt/stammt – aber jetzt kann sie überall sein, auch neben mir.

• Die Konstruktion „a szomszéd **faluban levő** barátnőm" bedeutet: meine Freundin, die sich eben jetzt im Nachbardorf befindet – es gibt keine Information darüber, woher sie kommt.

- Um die Konstruktion „Beim Betreten des Hauses" zu übersetzen, muss man die adverbiale Ergänzung a **házba** – *ins Haus* mit einem Partizip **való** – *seiend* ergänzen, damit es das Substantiv **belépés** – *Betreten* erweitern kann:

Ha **belépsz a házba**, vedd le a cipőd!
Wenn du das Haus betrittst, zieh die Schuhe aus!

→ **A házba való** belépéskor vedd le a cipőd! / **A házba való** belépéskor kötelező levenni a cipőt.
Zieh beim Betreten des Hauses die Schuhe aus! / Beim Betreten des Hauses ist es Pflicht, die Schuhe auszuziehen.

Ha **a medencében fürdenek**, kötelező fürdősapkát viselni.
Wenn man im Becken schwimmt, ist es Pflicht, eine Badekappe zu tragen.

→ **A medencében való fürdéskor** kötelező fürdősapkát viselni.
Beim Schwimmen im Becken ist es Pflicht, eine Badekappe zu tragen.

Vergleich der ungarischen und deutschen erweiterten Partizipialkonstruktionen

Nézd meg	**az asztalon**	**levő**	**könyvet**!
	Adverbiale Erweiterung	Partizip	Substantiv
Schau dir	*das Buch*	*auf dem Tisch*	*an!*
	Substantiv	Nachgestellte Adverbialbestimmung	
Vegyen sapkát	**a medencében**	**való**	**fürdéskor**!
	Adverbiale Erweiterung	Partizip	Substantiv (in adverbialer Funktion)
Setzen Sie sich	*beim Baden*	*im Becken*	*eine Badekappe auf!*
	Substantiv	Nachgestellte Adverbialbestimmung	

8 **Die Partikeln**

Partikeln sind undeklinierbare Funktionswörter, die nicht als selbständiges
Satzglied auftreten. Partikeln mit grammatischer Funktion werden in
folgenden Kapiteln behandelt:

Kasussuffixe und Postpositionen	▶ Kapitel Das Adverb
	▶ Kapitel Zusammenfassung der Kasussuffixe
Konjunktionen	▶ Kapitel Adverbialbestimmungen und Attribute

Die folgenden Partikeln haben keine grammatische Funktion, sind aber für die
Kommunikation unabdingbar.

Modalpartikeln

Die Modaladverbien/-partikeln modifizieren nicht das Verb, sondern die ganze
Aussage – den Satz.

Diese undeklinierbaren Wörter sind zuweilen satzwertig:

– Elmész úszni?	– *Gehst du schwimmen?*
– **Talán. / Esetleg.**	– *Vielleicht. / Eventuell.*

Sie erfüllen die Funktion des Hauptsatzes in subordinierend
zusammengesetzten Satzkonstruktionen:

Valószínű, hogy eső lesz.   *Es ist wahrscheinlich, dass es Regen geben wird.* (▶ Kapitel Relativsätze)

Die Modalpartikeln können Folgendes zum Ausdruck bringen:

a) Sicherheit – Unsicherheit des Sprechers

Biztosan megjön János is.	*Sicher kommt auch János.*
Biztos, hogy a fiam már megint nem csinálta meg a leckéjét.	*Es ist sicher, dass mein Sohn schon wieder seine Hausaufgaben nicht gemacht hat.*
Péter **bizonyára** nem tudott elindulni.	*Péter konnte mit Sicherheit nicht losgehen.*
Talán sikerül befejezni határidőre ezt a munkát.	*Vielleicht gelingt es, diese Arbeit zum Termin zu beenden.*
Valószínűleg már megint elkésünk.	*Wahrscheinlich kommen wir schon wieder zu spät.*
Valószínű, hogy megint elkésünk.	*Es ist wahrscheinlich, dass wir wieder zu spät kommen.*
Lehet, hogy eső lesz.	*Es ist möglich, dass es Regen gibt.*
Lehetséges, hogy ma még kisüt a nap.	*Es ist möglich, dass heute noch die Sonne scheinen wird.*
Esetleg el tudnád hozni a fényképezőgépedet?	*Könntest du eventuell deinen Fotoapparat mitbringen?*

b) Stellungnahme des Sprechers

Sajnos nem tudtam időben elindulni.

Leider konnte ich nicht rechtzeitig losgehen.

Sajnálom, hogy elkéstem.

Es tut mir leid, dass ich mich verspätet habe.

Végre felhívott Jenő!

Endlich hat Jenő angerufen!

Csakhogy megjöttél!

Ach, dass du gekommen bist!

Nagyon bánt, hogy nem tudtunk találkozni.

Es macht mich sehr traurig, dass wir uns nicht treffen konnten.

Lehetőleg ne késs el megint!

Verspäte dich nach Möglichkeit nicht wieder!

Lehetséges, hogy megint elkésem.

Es ist möglich, dass ich mich wieder verspäte.

Remélhetőleg még ma elkészülök.

Es ist zu hoffen, dass ich noch heute fertig werde.

Remélem, hogy még ma elkészülök.

Ich hoffe, dass ich noch heute fertig werde.

Szerencsére megtaláltam a pénztárcámat.

Zum Glück habe ich meinen Geldbeutel gefunden.

Szerencse, hogy megtaláltam a pénztárcámat.

Es ist ein Glück, dass ich meinen Geldbeutel gefunden habe.

Jaj de jó, hogy végre elmentek a vendégek!

Oh, wie gut, dass die Gäste endlich gegangen sind!

Szívesen innék egy pohár fröccsöt.

Ich würde gern ein Glas Weinschorle trinken.

Borzasztó, hogy ez a gyerek mindent elfelejt!

Es ist furchtbar, dass dieses Kind alles vergisst!

c) Angabe der Informationsquelle

Szerintem el tudjuk végezni ezt a munkát.

Meiner Meinung nach können wir diese Arbeit machen.

Azt hiszem, ideje indulnunk.

Ich glaube, es ist Zeit loszugehen.

Véleményem szerint nincs igaza Jánosnak.

Meiner Meinung nach hat János nicht Recht.

Úgy gondolom/úgy vélem, jobb lenne abbahagyni a vitát.

Ich denke/meine, es wäre besser, mit der Diskussion aufzuhören.

A főnök **úgy ítélte meg**, hogy a terv kivitelezése nagyon költséges lenne.

Der Vorgesetzte hat es so beurteilt, dass die Durchführung des Plans sehr kostspielig wäre.

d) Reihenfolge nach Wichtigkeit der einzelnen Ereignisse

Először a nehezebb problémát oldjuk meg!

*Lasst uns **zuerst** das schwierigere Problem lösen!*

A legfontosabb, hogy lezárjuk a vitás ügyeket.

__Das Wichtigste ist__, dass wir die strittigen Angelegenheiten abschließen.

Elsősorban a személyes ügyeket kell lezárni.

__In erster Linie__ müssen wir die personellen Angelegenheiten abschließen.

A lényeg, hogy megoldódott a vita.

__Das Wesentliche ist__, dass sich die Streitigkeit geklärt hat.

Utoljára/Utolsó sorban a személyes ügyek kerülnek sorra.

__Zum Schluss/Schließlich__ kommen personelle Angelegenheiten an die Reihe.

e) Schlussfolgerung des Sprechers:

Tulajdonképpen ez a megoldás is elfogadható.

__Eigentlich__ ist auch diese Lösung annehmbar.

Végeredményben nem jártunk rosszul.

__Letzten Endes__ sind wir nicht schlecht gefahren.

Végülis jól sikerült a buli.

__Letztendlich__ ist die Party gut gelungen.

Végső soron mindenki jól járt.

__Letzten Endes__ sind alle gut gefahren.

Die folgenden Partikeln haben keine grammatische Funktion, sind aber für die Kommunikation unabdingbar.

Relationspartikeln

Sie beziehen sich nur auf einen Teil der Aussage und begrenzen oder erweitern deren Wirkungskreis:

Beispiele	Stellung und Betonung im Satz
Csak Péter készítette el a leckéjét. *Nur Péter hat seine Hausaufgabe gemacht.* **Egyedül** Péter készítette el a feladatát. *Allein Péter hat seine Aufgabe gemacht.* **Csupán** Péter készítette el a feladatát. *Lediglich Péter hat seine Aufgabe gemacht.* **Mindössze** négyen oldották meg helyesen a feladatot. *Insgesamt vier haben die Aufgabe richtig gelöst.*	– vor dem Wort, auf das es sich bezieht – immer betont
Péter is elkészítette a feladatát. *Auch Péter hat seine Aufgabe gemacht.* **Péter szintén** elkészítette a feladatát. *Péter hat seine Aufgabe ebenfalls gemacht.*	– es steht nach dem Wort, auf das es sich bezieht – im Satz wird es nie betont

Péter **már** megérkezett. *Péter ist schon angekommen.*	– im unverneinten Satz nie betont
Ma **már** nem leszek kész. *Heute werde ich nicht mehr fertig.*	– wegen der Verneinung in betonter Position
Még megcsinálom a levest, utána kész az ebéd. *Ich mache noch die Suppe, dann ist das Mittagessen fertig.*	– im unverneinten Satz nie betont
Még nem vagyok kész, várj! *Ich bin noch nicht fertig, warte!*	– wegen der Verneinung in betonter Position
Mégiscsak meg tudtuk csinálni! *Wir konnten es dennoch fertigmachen!*	– siehe ▶Kapitel Koordinierende Sätze
Mégsem sikerült pontosan megérkeznünk! *Es ist uns dennoch nicht gelungen, pünktlich anzukommen.*	
Úgyse érünk már oda! *Wir kommen sowieso nicht mehr an!*	

Ähnlich den Adverbien modifizieren folgende Partikeln die Wortbedeutung:

Mindössze néhány percre van szükségünk.	*Alles in allem brauchen wir einige Minuten.*
Úgy három órányi távolságra lakunk tőletek.	*Wir wohnen so drei Stunden von euch entfernt.*
Közel egy éve nem láttam már Jánost.	*Nahezu ein Jahr habe ich János nicht gesehen.*
Vagy egy éve lehet annak, hogy utoljára találkoztunk.	*Es mag ein Jahr her sein, dass wir uns zuletzt getroffen haben.*

Frage- und Antwortpartikeln

In Erwartung einer bejahenden Antwort kann bei Entscheidungsfragen die
Partikel **ugye** verwendet werden:

Eljön Péter, ugye?	*Péter kommt doch, nicht wahr?*
Ugye eljön Péter holnap délután?	*Nicht wahr, Péter kommt doch morgen Nachmittag?*

Bei indirekten Fragen (manchmal auch bei direkten Ergänzungsfragen) wird
die Fragepartikel **-e** dem Verb angefügt:

Nem tudom, hogy eljön-e Péter ma délután.	*Ich weiß nicht, ob Péter heute Nachmittag kommt.*
Tudod-e, hogy milyen nap van ma?	*Weißt du (vielleicht), welcher Tag heute ist?*

In Erwartung einer gegenteiligen Antwort werden gern negative Fragen gestellt.

– Nem kérsz egy kis kávét?	– *Möchtest du nicht einen kleinen Kaffee?*
– De, kérek.	– *Doch, ich möchte.*
– Nincs kedved úszni?	– *Hast du keine Lust zum Schwimmen?*
– De, van kedvem.	– *Doch, habe ich.*
– Nem tudod, hol a kulcsom?	– *Weißt du nicht, wo mein Schlüssel ist?*
– De, tudom.	– *Doch, ich weiß es.*
– Nem láttad a kutyát?	– *Hast du nicht den Hund gesehen?*
– De, láttam.	– *Doch, ich habe ihn gesehen.*

Einige typische Frage-Antwort-Situationen

Positive Antwort auf positive Frage	
– Jössz úszni?	– *Kommst du mit schwimmen?*
– Persze.	– *Selbstverständlich.*
– Lejössz?	– *Kommst du herunter?*
– Le.	– *Ja. (wörtlich: Herunter.)*
– Jössz?	– *Kommst du?*
– Igen, jövök.	– *Ja, ich komme.*
– Kisfiam, gyere!	– *Komm, mein Junge!*
– Igenis, mama!	– *Jawohl, Mama.*
– Jössz Juliskához?	– *Kommst du mit zu Juliska?*
– Na jó, menjünk!	– *Na gut, geh'n wir.*
– Indulunk?	– *Gehen wir los?*
– Hát persze!	– *Na klar!*

Negative Antwort auf positive Frage	
– Jössz moziba?	– *Kommst du mit ins Kino?*
– Nem. (Nem jövök.)	– *Nein. (Ich komme nicht mit.)*
– Lejössz?	– *Kommst du herunter?*
– Ugyan már!	– *Aber nein! (Wie kommst du darauf?)*
– Jössz moziba?	– *Kommst du mit ins Kino?*
– Dehogy jövök!	– *Nein, ganz und gar nicht.*
– Eljössz Juliskához?	– *Kommst du mit zu Juliska?*
– Semmi esetre sem!	– *Auf gar keinen Fall!*
– Elmegyünk Juliskához?	– *Gehen wir zu Juliska?*
– Dehogyis!	– *Ganz und gar nicht.*
– Indulunk?	– *Gehen wir los?*
– Nem, dehogy.	– *Nein, keinesfalls.*

– Nem jössz?	– *Kommst du nicht?*
– De! (De igen.)	– *Doch! (Ja, doch.)*
– Nem megyünk Juliskához?	– *Wollen wir nicht zu Juliska gehen?*
– Dehogynem!	– *Doch, doch!*
– Nem hívod fel Palit?	– *Wirst du Pali nicht anrufen?*
– De, mindjárt.	– *Doch, sofort.*

Negative Antwort auf negative Frage

– Nem megyünk sétálni?	– *Wollen wir nicht spazieren gehen?*
– Nem.	– *Nein.*
– Nem jössz velem Juliskához?	– *Kommst du nicht mit mir zu Juliska?*
– Dehogy jövök!	– *Keinesfalls.*
– Nem hívod fel Palit?	– *Wirst du Pali nicht anrufen?*
– Á, dehogy. Semmi értelme.	– *Ach, keinesfalls, es hat gar keinen Sinn.*

Esetleg/**talán**/**lehetséges** verwendet man bei unsicheren Antworten:

– Meglátogatjuk Marit?	– *Werden wir Mari besuchen?*
– Nem látogatjuk meg Marit?	– *Werden wir Mari nicht besuchen?*
– Esetleg/Talán meglátogathatjuk./ Lehetséges, hogy meglátogassuk.	– *Eventuell/Vielleicht/Möglicherweise werden wir sie besuchen.*

Die Verbalpräfixe

Sie haben dreierlei Funktionen:

• Sie können die Richtung, bzw. Gerichtetheit der Tätigkeit im konkreten oder abstrakten Sinne bezeichnen: megy → **fel**megy, **le**megy, ... – *gehen →* **hinauf/hinab**gehen, ...

• Sie können das Verb perfektivieren: Es weist auf die Abgeschlossenheit, Vollendetheit des Ereignisses hin (▶ Kapitel Aspekt):

Mari egész nap a konyhában főzött.	*Mari kochte den ganzen Tag in der Küche.*
Megfőzte a három napi ebédet.	*Sie hat das Mittagessen für drei Tage gekocht.*

• Sie können die Bedeutung des Verbs nuancieren oder vollständig verändern:

A kocsi **ráment** az útpadkára.	*Das Auto ist auf den Bordstein aufgefahren.*
Péternek minden pénze **ráment** az építkezésre.	*Péters ganzes Geld ist fürs Bauen draufgegangen.*

Die wichtigsten Verbalpräfixe mit ihren Funktionen:

- **meg-**
  a) Perfektivierung Definität, Konkretheit des Ereignisses

  Megeszi az ebédet.   *Er/sie isst das Mittagessen auf.*

  Megírja a levelet.   *Er/sie schreibt den Brief fertig/zu Ende.*

  b) Zustandsänderung

  A kislány **meg**szépült.   *Das Mädchen ist hübsch geworden.*

  Az esés következtében **meg**bénult   *Durch den Sturz ist sein/ihr Bein steif*
  a lába.   *geworden.*

  c) Momentanität

  Megcsörrent a telefon.   *Das Telefon hat (einmal) geläutet.*

  Megvillant a lámpa.   *Die Lampe hat aufgeflackert.*

- **el-**
  a) Beginn des Ereignisses (mit Betonung)

  Elindultam iskolába.   *Ich bin zur Schule losgegangen.*

  Elkezdődik az előadás.   *Die Vorlesung beginnt.*

  b) Perfektivierung (Definität, Konkretheit des Ereignisses)

  Elfelejtettem a telefonszámod.   *Ich habe deine Telefonnummer*
       vergessen.

  Elmeséltem, hogy mi történt.   *Ich habe erzählt, was geschehen ist.*
  A gyerek **el**hibázta a feladatot.   *Das Kind hat die Aufgabe falsch*
       gemacht.

  c) Zustandsänderung

  A gyerek **el**sápadt az ijedtségtől.   *Das Kind wurde blass vor Schreck.*

  Mari a nagy melegtől **el**ájult.   *Mari ist von der großen Hitze*
       ohnmächtig geworden.

  d) in übertriebenem Maße

  Három év alatt János **el**hízott.   *Innerhalb von drei Jahren ist János dick*
       geworden.

  Rettenetesen **el**kényeztették ezt   *Sie haben dieses Kind furchtbar*
  a gyereket.   *verwöhnt.*

  e) Zeitliche Ausdehnung des Ereignisses

  A gyerek **el**játszotta az időt,   *Das Kind hat die Zeit verspielt, darum*
  ezért **el**késett az iskolából.   *hat es sich in der Schule verspätet.*

  f) Erreichen eines Negativresultats

  A szomszédom **el**kártyázta a   *Mein Nachbar hat sein Geld (beim*
  pénzét.   *Kartenspiel) verspielt.*

- **át-**
  a) hinüber, herüber

  Átnéztem az egyik házból a   *Ich schaute von einem Haus zum*
  másikra.   *anderen hinüber.*

  Átadtam a barátomnak a levelet.   *Ich übergab meinem Freund den Brief.*

b) hindurch, über

Átmegyek az erdőn.	*Ich gehe durch den Wald hindurch.*
Átrepültem a város felett.	*Ich überflog die Stadt.*

c) von Anfang bis Ende, mit Sorgfalt

Áttanulmányoztam az ügyet.	*Ich habe die Sache durchstudiert.*
Átgondoltam, hogy mit tegyek.	*Ich habe durchdacht, was zu tun sei.*

d) oberflächlich

Átmostam a ruhát.	*Ich habe das Kleid (schnell) durchgewaschen.*
Átolvastam a levelet.	*Ich habe den Brief (schnell) durchgelesen.*

e) überführen in einen anderen Zustand

Átalakítottam a régi ruhám.	*Ich habe mein altes Kleid umgeschneidert.*
Átírtam a dolgozatot.	*Ich habe die Arbeit umgeschrieben.*

f) Zerstörung

A folyó **át**szakította a gátat.	*Der Fluss hat den Damm durchbrochen.*
A szög **át**szúrta az ujját.	*Der Nagel hat den Finger durchstochen.*

- **fel-**
  a) hinauf

Felszaladok az ötödik emeletre.	*Ich laufe in die fünfte Etage hinauf.*

b) mit etwas versehen:

Felvirágozták az épületeket.	*Die Gebäude wurden mit Blumen verziert.*
Feldíszítették a karácsonyfát.	*Der Christbaum wurde geschmückt.*

c) Perfektivierung (Definität, Konkretheit des Ereignisses)

Felavatták az új uszodát.	*Das neue Schwimmbad wurde eingeweiht.*
Születésnapján **fel**köszöntötték Gábort.	*Gábor wurde zu seinem Geburtstag gratuliert.*

d) Erreichen des Resultats

A mama **fel**vágta a kenyeret és **fel**szeletelte a húst.	*Die Mama schnitt das Brot auf und schnitt die Wurst in Scheiben.*

- **le-**
  a) hinunter/herunter

Leszaladok a boltba.	*Ich laufe in den Laden hinunter.*
Lenéztem a toronyból a városba.	*Ich schaute vom Turm herunter auf die Stadt.*

b) Erreichen eines Negativresultats

Lefokozták a tisztet.   *Der Offizier wurde degradiert.*

Lefegyverezték a katonát.   *Die Soldaten wurden entwaffnet.*

Lebecsültem a kollégám   *Ich unterschätzte die Fähigkeiten meines*
képességeit.   *Kollegen.*

- **ki-**
  a) hinaus

  Kimegyek és **ki**nyitom az ajtót.   *Ich gehe hinaus und mache die Tür auf.*

  b) Zustandsänderung

  Kizöldültek a fák.   *Die Bäume sind grün geworden.*

  c) in ausreichendem Maße

  Kifestettem a házat.   *Ich habe das Haus ausgemalt/renoviert.*

  Kirúzsoztam a számat.   *Ich habe mir die Lippen geschminkt.*

  d) in übertiebenem Maße

  A **ki**sgyereket **ki**gúnyolták a társai.   *Das Kind wurde von seinen Gefährten gehänselt.*

  Nem szeretem, ha **ki**nevetnek.   *Ich mag es nicht, wenn man mich auslacht.*

  A gyár mellől **ki**pusztultak   *Neben der Fabrik sind die Pflanzen*
  a növények.   *ausgestorben.*

- **be**
  a) hinein-

  A papa **be**ment a szobába és   *Der Papa ging ins Zimmer hinein und*
  beült a kedvenc karosszékébe.   *setzte sich in seinen Lieblingssessel (hinein).*

  b) in ausreichendem Maße

  Betakartam a virágokat,   *Ich deckte die Blumen zu, damit sie*
  hogy ne érje fagy.   *keinen Frost bekommen.*

  Befestettem a körmömet.   *Ich habe mir die Fingernägel lackiert.*

- **bele-**
  a) ganz intensives „hinein"

  Az orvos **bele**nézett a beteg   *Der Arzt schaute dem Patienten in den*
  torkába.   *Hals (hinein).*

  Beleléptem egy tócsába.   *Ich trat in eine Pfütze (hinein).*

  Az özvegyasszony **bele**betegedett   *Die Witwe wurde krank vor Kummer.*
  a bánatába.

  b) hinein-

  Ne szólj **bele** a beszélgetésünkbe!   *Rede nicht in unsere Unterhaltung hinein.*

- **szét-**
  a) auseinander-
  A tyúkok **szét**szaladtak, amikor meg- *Die Hühner liefen auseinander, als ein*
  jelent az udvaron egy nagy kutya. *großer Hund auf dem Hof erschien.*

  Az asztalon **szét**folyt a kiömlött *Auf dem Tisch breitete sich der*
  bor. *ausgeschüttete Wein aus.*

  b) Zerstörung
  Leesett a váza és **szét**tört. *Die Vase ist heruntergefallen und*
  zerbrochen.
  A gyerek **szét**szedte a játékot,
  de nem tudta összerakni. *Das Kind hat das Spielzeug*
  auseinandergenommen und konnte es
  nicht wieder zusammenbauen.

- **össze-**
  a) zusammen-
  A nagy kiabálásra **össze**szaladtak *Durch das große Geschrei liefen die*
  a szomszédok. *Nachbarn zusammen.*

  Minden rokon **össze**gyűlt *Zu Weihnachten versammelten sich alle*
  karácsonykor. *Verwandten.*

  b) zusammen- (Zerstörung)
  Összedőlt a ház. *Das Haus ist zusammengebrochen.*
  Mindjárt **össze**esek a fáradságól. *Ich breche gleich zusammen vor*
  Erschöpfung.

- **vissza-** zurück
  Visszakaptam az elveszett *Ich bekam meine verlorene Tasche*
  táskámat. *zurück.*

  Add **vissza** a labdát a barátodnak! *Gib deinem Freund den Ball zurück.*

- **ide-** her, hierher
  Add **ide** a tollat! *Gib den Stift her!*
  Tedd **ide** a könyveket! *Lege die Bücher hierher!*

- **oda-** hin, dorthin
  Ne menj **oda,** ahol sötét van! *Geh nicht dorthin, wo es dunkel ist!*

In nicht betonten Sätzen bleibt das Präfix vor dem Verb. Ist ein anderes
Satzglied betont, wird das Verb verneint oder handelt es sich um einen
Imperativsatz, steht das Präfix hinter dem Verb:

Péter **el**ment sétálni. *Péter ist spazieren gegangen.*
Péter ment **el** sétálni. *Péter ist es, der spazieren gegangen ist.*
Péter nem ment **el** sétálni. *Péter ist nicht spazieren gegangen.*
Menj **el**! *Geh weg!*

Im Ungarischen gibt es – wie im Deutschen – bestimmte und unbestimmte
Artikel: **a**, **az** (der, die, das) und **egy** (ein, eine). **A** steht vor konsonantisch
anlautenden Wörtern: **a k**utya – *der Hund*, **a gy**erek – *das Kind*; **az** vor
vokalisch anlautenden Wörtern: **az a**utó – *das Auto*, **az e**rdő – *der Wald*.

Im Ungarischen gibt es kein grammatisches Geschlecht, so dass der Artikel
nur zum Ausdruck bringt, ob das Substantiv bekannt oder unbekannt,
bestimmt oder unbestimmt, spezifisch oder generisch ist.

Allgemeine Regeln für den Artikelgebrauch

- Ein neuer Begriff wird mit dem unbestimmten oder ohne Artikel in den Text
  eingeführt:

  Volt egyszer **egy** király.   *Es war einmal ein König.*

  Tudod, mi az hogy névelő?   *Weißt du, was ein Artikel ist?*

- Ist ein Begriff unbestimmt, steht **egy** davor:

  Tegyen ki **egy** tetszőleges   *Setzen Sie einen beliebigen Artikel vor*
  névelőt a főnév elé!   *das Substantiv!*

- Ist der Begriff bestimmt oder spezifisch, so bekommt er den bestimmten
  Artikel:

  Tegye ki **a** megfelelő névelőt   *Setzen Sie den entsprechenden Artikel*
  a főnév elé!   *vor das Substantiv!*

- Ein Substantiv kann spezifische oder generische Bedeutung haben.
  Spezifisch sind solche Dinge, Personen, Sachen, die als einzelne gemeint
  sind:

  A kutyámat Rexinek hívják.   *Mein Hund heißt Rexi.*

  Damit ist ein einziger Hund gemeint.

A kutya emlős állat.   *Der Hund ist ein Säugetier.*

Hier geht es um mehrere Hunde, um die Ganzheit aller existierenden Hunde.
Hier hat das Substantiv eine generische Bedeutung, als Subjekt bekommt es
einen bestimmten Artikel.

- Wird mit Demonstrativpronomen (*dieser, jener*,...) auf ein Substantiv
  hingewiesen, gilt es als bestimmt; es bekommt dann zusätzlich den
  bestimmten Artikel:

  Ez a kutya a kedvencem.   *Dieser Hund* (wörtlich: *dieser der Hund*)
      ist mein liebster.

- Ist das Substantiv Teil des Prädikats, steht es ohne Artikel:

  A kutya **állat**.   *Der Hund ist ein Tier.*

  A kutya **emlős állat**.   *Der Hund ist ein Säugetier.*

Hierher gehören auch die Berufsbezeichnungen:

A fiam **tanár**.   *Mein Sohn ist Lehrer.*

A férjem **mérnök**.   *Mein Mann ist Ingenieur.*

- Der Artikel steht immer direkt vor dem Attribut:

  A szép zöld ruhádat vedd fel!   *Zieh dein schönes, grünes Kleid an!*

- In Besitzverhältnissen steht der bestimmte Artikel vor **enyém**, **tied**, ...

  Ez a kocsi **az enyém,** és nem   *Dieses Auto gehört mir und nicht dir.*
  a tied.

Weitere Regeln für den Artikelgebrauch

Strukturen ohne Artikel

a) Personennamen:

     Péter **okos kisfiú**.   *Péter ist ein kluger Junge.*

     Ismered **Péter**t?   *Kennst du Péter?*

     Ausnahme: Hat der Name ein Attribut, dann bekommt er den bestimmten Artikel:

     Az okos Péternek mindig van   *Der kluge Péter hat immer eine gute*
     egy jó ötlete.   *Idee.*

b) Substantive, die eine unzählbare Menge, einen Typ oder eine Gattung bezeichnen:

     Zöldséget veszek.   *Ich kaufe Gemüse.*

     Vizet kérek.   *Ich möchte bitte Wasser.*

     Öt éve nem eszem **húst.**   *Seit fünf Jahren esse ich kein Fleisch.*

c) Namen von Städten, Dörfern, Stadtteilen, Kontinenten:

     Budapest Magyarország fővárosa.   *Budapest ist die Haupstadt Ungarns.*

     Ázsia messze van.   *Asien ist weit.*

d) Ländernamen, die aus einem Wort bestehen:

     Magyarország gyönyörű.   *Ungarn ist wunderschön.*

e) Vor Maß- und Mengeneinheiten, wie **több** – *mehr,* **sok** – *viel,* **minden** – *alle*:

     Sok fagylaltot adj!   *Gib mir viel Eiskrem!*

     Nem kérek **többet**!   *Ich möchte nichts mehr.*

Strukturen mit bestimmtem Artikel

a) Substantive mit Demonstrativpronomen:

Ezt a dinnyét kérem.   *Ich möchte bitte diese Melone.*

b) Substantive, die ein Besitztum bezeichnen, dessen Besitzer mit der Endung **-nak/-nek** gekennzeichnet ist:

Megtaláltam János kislányá**nak**   *Ich habe das Spielzeug von János's*
a játékát.   *Tochter gefunden.*

c) Adjektive und Adverbien im Superlativ:

Az egri medok **a legjobb vörösbor**.   *Egri Medok ist der beste Rotwein.*

A legszebben író gyerek   *Das am schönsten schreibende Kind*
jutalmat kap.   *bekommt eine Belohnung.*

d) Namen von Institutionen und Straßen:

A Csalogány utcában nőttem fel.   *Ich bin in der Csalogány-Straße*
    aufgewachsen.

Az Eötvös Loránd   *Ich studiere an der Loránd-Eötvös-*
Tudományegyetemen tanulok.   *Universität.*

e) Ländernamen, die aus mehreren Wörtern bestehen:

Az Egyesült Államokból érkezett   *Mein Freund ist aus den Vereinigten*
a barátom.   *Staaten gekommen.*

f) Namen von Flüssen, Bergen und geographischen Einheiten:

A Balatonra utazom.   *Ich fahre an den Balaton.*

A Duna a Kisalföldön keresztül   *Die Donau fließt durch die Kleine*
folyik.   *Ungarische Tiefebene.*

g) Namen von Zeitungen, Periodika sowie Buchtitel:

a Népszabadság   *die (Zeitung) „Népszabadság"*
a Bűn és bűnhődés   *das Buch „Schuld und Sühne"*

> In Besitzkonstruktionen kann der bestimmte Artikel die Bedeutung des Satzes völlig verändern:

A kisfiú **a** kutyájával   *Der kleine Junge ging mit seinem Hund spazieren.*
ment sétálni.   (Der Hund gehört dem Jungen.)

A kisfiú kutyájával   *Er ging mit dem Hund des kleinen Jungen*
ment sétálni.   *spazieren.* (Jemand anderer, der aus dem Kontext
    bekannt ist, ging mit dem Hund des Jungen
    spazieren.)

Strukturen mit unbestimmtem Artikel

a) Unbestimmte Substantive:

Egy gyerek jó dolgozatot írt, a   *Ein Kind hat eine gute Arbeit geschrieben,*
többinek nem sikerült.   *den anderen ist das nicht gelungen.*

b) Substantive mit betont unbestimmten Maß- und Mengenangaben:

Egy csomó dolgom van ma este.   *Ich habe heute Abend eine Menge zu tun.*

Egy halom dolgozatot kell még   *Ich muss noch einen Berg Arbeiten*
kijavítanom.   *korrigieren.*

Egy kicsit még fáj a torkom.   *Ein wenig tut mein Hals noch weh.*

c) Einige unbestimmte temporale Konstruktionen, meist mit Nennung von
Tageszeiten:

Egy este összejöhetnénk.   *An (irgend-)einem Abend könnten wir*
zusammenkommen.

Egy délután elgondolkoztam azon,   *Eines Nachmittags dachte ich darüber*
hogy …   *nach, dass …*

Egy szép napon elkészül ez   *Eines schönen Tages wird auch dieses*
a könyv is!   *Buch fertig!*

Bei Grad- und Maßangaben ist der Gebrauch des unbestimmten Artikels
schwankend; innerhalb des Satzes wird er verwendet, am Satzanfang seltener:

Várj **egy kicsit**!   **(Egy) kicsit** várj, mindjárt jövök.
Warte ein bisschen!   *Warte ein bisschen, ich komme gleich.*

A gyerek kiáltott **egy nagyot**,   **(Egy) nagyot** kiáltott, s beszaladt a
s beszaladt a szobába.   szobába.

Das Kind/Es schrie einmal laut auf und rannte ins Zimmer.

Nyújtóztam **egy nagyot**, s kiugrottam   **(Egy) nagyot** nyújtóztam,
az ágyból.   s kiugrottam az ágyból.

Ich streckte mich ordentlich und sprang aus dem Bett.

10 **Die Wortbildung**

Die ungarische Sprache ist sehr reich an Ableitungssuffixen. Diese Endungen bilden neue Wörter, die auch im Wörterbuch zu finden sind. Nach einem Ableitungssuffix können noch weitere Ableitungssuffixe sowie Grund- und Endsuffixe angefügt werden. Ableitungssuffixe haben meist mehrere Bedeutungen; die Kenntnis der möglichen Bedeutungen erleichtert das Verstehen. Im Folgenden werden die gebräuchlichsten Ableitungssuffixe erläutert.

Die Verbableitungen

Verben können aus Verben, Substantiven und Adjektiven sowie aus sog. nicht aktiven Stämmen gebildet werden.

Die Ableitungssuffixe und ihre Funktionen:

- Die Endung transitiviert das Verb – die beabsichtigte Handlung richtet sich auf ein Objekt:

-at/-et, -tat/-tet	(fát) ül**tet**	*(Bäume) pflanzen*
	forg**at**ja a kereket	*das Rad drehen*
-ít/-sít	szép**ít**	*verschönern*
	fás**ít**	*mit Bäumen bepflanzen*

Die Endung bildet transitive Verben: „etwas zu etwas verändern"

-ít, -sít	öreg**ít**, jav**ít** (aus „jó")	*älter machen, verbessern*

- Faktitive Verben – Das Subjekt lässt die Handlung durch eine andere Person ausführen:

-at/-et	megnéz**et**i a kocsit	*den Mechaniker das Auto*
	a szerelővel	*ansehen lassen*
-tat/-tet	elolvas**tat**ja	*das Kind das Buch lesen lassen*
	a könyvet a gyerekkel	

- Kausative Verben – Durch eine Handlung wird eine zweite Handlung ausgelöst:

-at/-et	fürd**et**i a gyereket	*das Kind baden*
-tat/-tet	sétál**tat**ja a kutyát	*den Hund ausführen*
-dít/-ít	in**dít**	*in Bewegung setzen*
	tan**ít**	*unterrichten*

- Mediale (intransitive) Verben – sie bezeichnen Geschehnisse, die in sich selbst ablaufen. Die Verben sind nicht oder nur wenig beabsichtigt, sie richten sich auf kein bestimmtes Objekt. Hierher gehören die meisten **-ik** Verben:

-ódik/-ődik	kezd**ődik**,	*beginnen, enden*
	befejez**ődik**	
-odik/-edik/-ödik	megtámoly**odik**	*ins Wanken geraten*

-dokol/-dököl/-dekel	hal**dokol**,	*im Sterben liegen, glitzern*
-doklik/-döklik	tün**dököl**	
-ad/-ed/-öd	ap**ad**, derm**ed**	*sinken, erstarren*
-dul/-dül	kon**dul**, for**dul**,	*ertönen, sich wenden, sich*
	moz**dul**	*bewegen*
-ul/-ül	széd**ül**, zöld**ül**	*jdm wird schwindelig, grünen*

Die Endung bildet intransitive Verben: „zu etwas werden"

| **-ul/-ül** | jav**ul** (aus „jó") | *sich verbessern* |
| | szép**ül** | *schöner werden* |

- Reflexive Verben:

-kodik/-kedik/-ködik	mosa**kodik**	*sich waschen*
(-akodik/-ekedik/	fésül**ködik**	*sich kämmen*
-öködik), -kódik/		
-ködik		

- Reziproke Verben:

-ódik/-ődik	tegez**ődik**	*sich duzen*
-kodik/-kedik/-ködik	vere**kedik**	*sich schlagen*
(-akodik/-ekedik/	mara**kodik**	*sich beißen*
-öködik), -kódik/		
-ködik		

- Momentane Verben (Die Formen mit **-t** sind transitiv, ohne **-t** intransitiv.):

-an/-ant, -en/-ent	vill**an**, vill**ant**	*leuchten*
	lobb**an**, lobb**ant**	*wehen*
	zörr**en**, zörr**ent**	*klappern*

- Sich wiederholende Handlungen, Geschehnisse (mit **-ik** intransitiv):

| **-oz(ik)/-ez(ik)/-öz(ik)** | sóhajt**ozik**, önt**öz** | *stöhnen, gießen* |

- Mit etwas versehen / etwas als Mittel gebrauchen:

| **-z(ik)/-az/-ʾoz/-ez/** | só**z**, cukr**oz** | *salzen, zuckern* |
| **-öz(ik)** | zongorá**zik**, gerebly**éz** | *Klavier spielen, harken* |

- Sich wiederholende Handlung mit weniger Intensität

-gat/-get	íro**gat**	*vor sich hinschreiben*
	tanul**gat**	*ein bisschen lernen*
	tolo**gat**	*hin und her schieben*
-gál/-gél	szalad**gál**	*rennen*
-ászik/-északik	vad**ászik**, hever**északik**	*jagen, herumliegen*

- „Möglichkeitssuffix" – Dieses Suffix schließt den verbalen Stamm ab, danach kann kein weiteres Ableitungssuffix mehr stehen, **-hat/-het** kann allen verbalen Ableitungssuffixen folgen:

-hat/-het	ír**hat**	*schreiben können/dürfen*
	olvasgat**hat**	*lesen können/dürfen*
	megfordul**hat**	*sich umdrehen können/dürfen*
	ültet**het**	*pflanzen können/dürfen*

Das Suffix **-ik** steht nur in der 3. Person Sigular!

Es gibt eine große Gruppe von Verben mit einem **nicht aktiven Stamm:** d.h. der Stamm erscheint nie als selbständiges Wort im Wörterbuch. Diese inaktiven Stämmen werden vor folgenden Ableitungssuffixen verwendet:

Stamm	**Endung**	**Allgemeine Bedeutung**	**Konkrete Bedeutung**
moz-	-dul	Beginn einer Bewegung, intransitiv	*sich bewegen/regen*
	-dít	Beginn einer Bewegung, transitiv	*etwas/jn. bewegen*
	-og	ständig, ohne Unterbrechung, intransitiv	*sich bewegen*
	-gat (= g + at)	ständig, ohne Unterbrechung, transitiv	*etwas ständig bewegen*
csöp-	-ög	ständig, ohne Unterbrechung, intransitiv	*tropfen*
csöpp-	-en	momentan, intransitiv	*tropfen*
	-ent	momentan, transitiv	*tropfen lassen*
ép-	-ül	intransitiv, passiv	*gebaut werden*
	-ít	transitiv	*bauen*

Die Substantivableitungen

a) Aus Substantiven gebildete Substantive:

-ka/-ke, -cska/-cske – Verkleinerungssuffix:

tányér**ka**, asztal**ka** *Tellerchen, Tischlein*

háza**cska** *Häuschen*

-s/-os/-as/-es/-ös, -ász/-ész – Berufsbezeichnung:

kocsi**s**, bolt**os**, fűszer**es** *Kutscher, Ladenbesitzer, Gewürzhändler*

jog**ász**, erd**ész**, bölcs**ész** *Jurist, Förster, Geisteswissenschaftler*

-ság/-ség, -asság/-esség – Sammelbegriff:

hegy**ség**, rendőr**ség** *Gebirge, Polizei*

– Arbeitsstelle, Werkstatt:

szabó**ság**, pék**ség** *Schneiderwerkstatt, Bäckerei*

– Abstrakter Begriff:

jó**ság**, szép**ség** *Güte, Schönheit*

-ék – In eine Gruppe (Familie) gehörende Personen:

Müller**ék**, a szomszéd**ék**   *Müllers, Nachbars*

-né – Die Frau von jemandem:

Kovács**né**   *Frau Kovács*

b) Aus Verben gebildete Substantive:

   -ás/-és – Prozess des Ereignisses:

   várakoz**ás**, énekl**és**   *Warten, Singen*

   – Ergebnis:
     ír**ás**, hímz**és**   *Schrift, Stickerei*

   – Platz:
     lak**ás**   *Wohnung*

     -at/-et – Ergebnis der Handlung:
     ir**at**, ítél**et**   *Schriftstück, Urteil*

   – Benennung der Handlung:
     huz**at**   *(Durch-)Zug*

   – Ort der Handlung:
     kijár**at**   *Ausgang*

   – Zeit der Handlung:
     alkony**at**   *Dämmerung*

   -mány/-mény, **-vány/-vény** – Ergebnis der Handlung:
   gyárt**mány**, ered**mény**   *Produkt, Ergebnis*
   bizonyít**vány**   *Zeugnis*

c) Aus Grundzahlen gebildete Substantive:

   -s/-os, -s/-as/-es/-ös – Mitglied einer Gruppe:

   els**ős**, ötödik**es**, harmadév**es**   *Erstklässler, Fünftklässler, Student/*
                                             Studentin im 3. Studienjahr

   – Mit einer Nummer bezeichnet:
     kett**es** (villamos), hárm**as**   *die Zwei (Straßenbahn), Raum Nummer*
     (terem)   *drei*

   – Geldmünze, Geldschein:
     kett**es**, ezr**es**   *Zwei-Forint-Stück, Tausend-Forint-Schein*

Die Adjektivableitungen

-i

Grundwort: Substantiv
Bedeutung: einem Ort/Stadt/Land gehörend, von dort stammend:

budapest**i**, vidék**i**, berlin**i**   *Budapester/in, Provinzler/in, Berliner/in*

Grundwort: ein Substantiv, das eine Person bezeichnet
Bedeutung: der Person gehörend:

baráti, rokoni, anyai, apai   *Freundes-, Verwandten-, Mutter-, Vater-*

Grundwort: ein Substantiv, das eine Zeitdauer bezeichnet
Bedeutung: Zeitdauer:

három évi (kereset)   *Drei-Jahres-(Verdienst)*

Grundwort: ein Substantiv, das einen Zeitpunkt bezeichnet
Bedeutung: Zeitpunkt:

öt órai (tea), karácsonyi (ajándék)   *Fünf-Uhr-(Tee), Weihnachts-(Geschenk)*

Grundwort: Substantiv mit Postposition
Bedeutung: sich dort befindend:

a ház alatti (pince)   *(der Keller) unter dem Haus*
a hegy mögötti (tó)   *(der See) hinter dem Berg*

-s/-os, -es/-ös

Grundwort: Substantiv
Bedeutung: mit etwas versehen:

fás, pulóveres, balkezes   *mit Bäumen bepflanzt, mit Pullover, Linkshänder*

Grundwort: Substantiv
Bedeutung: das im Substantiv Benannte aufweisend:

szerencsés, alázatos, gőgös   *glücklich, unterwürfig, arrogant*

Grundwort: Substantiv
Bedeutung: Geld im Wert von ...:

százforintos (jegy)   *Hunderter (Schein)*
milliós (kiadás)   *(Ausgabe) in Millionenhöhe*

Grundwort: Substantiv
Bedeutung: dem im Substantiv Benannten ähnlich:

lányos, mesés   *mädchenhaft, märchenhaft*

Grundwort: Substantiv mit Zahlwort
Bedeutung: Zeitdauer:

két hetes (nyaralás)   *zweiwöchiger (Urlaub)*

Grundwort: Substantiv (mit Attribut)
Bedeutung: das im Substantiv Benannte bei sich habend:

kék szoknyás (kislány)   *(Mädchen) im blauen Rock*

Grundwort: Verb
Bedeutung: die genannte Tätigkeit durchführend:

csípős, harapós   *beißend, bissig*

Grundwort: Zahlwort
Bedeutung: Nummerierung:

hetes (busz), tizenkettes (épület)   *der Siebener (Bus), das Gebäude Nr. 12*

Grundwort: Adjektiv
Bedeutung: Schattierung:

szürké**s**, barná**s**   *gräulich, bräunlich*

-ú, -ű, -jú, -jű

Grundwort: Substantiv mit Attribut
Bedeutung: untrennbarer Besitz der benannten Eigenschaft:

nagy orr**ú**, kék szem**ű**   *mit großer Nase, mit blauen Augen*

-tlan/-tlen

Grundwort: Vokalstamm von Verben
Bedeutung: Fehlen des im Verb Benannten:

té**tlen**, vé**tlen**   *tatenlos, schuldlos*

Grundwort: vokalisch auslautendes Substantiv
Bedeutung: Fehlen des im Substantiv Benannten:

só**tlan**, szó**tlan**   *ungesalzen, wortlos*

-talan/-telen

Grundwort: konsonantisch auslautendes Substantiv
Bedeutung: Fehlen des im Substantiv Benannten:

szám**talan**, lélek**telen**, pénz**telen**   *zahllos, seelenlos, ohne Geld*

-atlan/-etlen

Grundwort: konsonantisch auslautendes Verb
Bedeutung: Fehlen des im Verb Benannten:

számol**atlan**, érint**etlen**   *unberührt, ungezählt*

Grundwort: auf doppelten Konsonanten auslautendes Substantiv
Bedeutung: Fehlen des im Substantiv Benannten:

kedv**etlen**   *lustlos*

Grundwort: Adjektiv auf -i
Bedeutung: Fehlen des im Adjektiv Benannten:

lovagiatlan   *unritterlich*

Grundwort: Verb mit der Endung **-hat/het**
Bedeutung: Fehlen des im Verb Benannten:

leírhat**atlan**, láthat**atlan**   *unbeschreiblich, unsichtbar*

-szerű

Grundwort: Substantiv
Bedeutung: dem im Substantiv Benannten ähnlich:

mese**szerű**   *märchenhaft*

11 Der Satz

Der einfache Satz

Nach der Absicht des Sprechers unterscheiden wir Folgendes:

Aussagesätze:

Holnap elutazom Debrecenbe.   *Morgen fahre ich nach Debrecen.*

(▶Kapitel Die Wortfolge)

Ausrufesätze:

De jó kedvem van!   *Ach, habe ich gute Laune!*

Fragesätze:

a) Ergänzungsfragen (mit Fragewort):

  – Hánykor kezdődik az előadás?   *– Um wie viel Uhr beginnt die Vorlesung?*
  – Kettőkor.   *– Um zwei.*

b) Entscheidungsfragen (ohne Fragewort):

  – Holnap utazol?   *– Fährst du morgen?*
  – Igen./Igen, holnap.   *– Ja./Ja, morgen.*

  – Feljössz hozzám?   *– Kommst du zu mir herauf?*
  – Fel./Igen, fel.   *– Ja./Ja, ich komme.*

Enthält eine Entscheidungsfrage ein Verbalpräfix, dann kann sie mit der Wiederholung des Präfixes bejaht werden.

  – Eljössz?   *– Kommst du mit?*
  – El.   *– Ja.* (wörtlich: *Mit.*)

c) Indirekte Fragen bestehen aus einem übergeordneten Hauptsatz und einer Ergänzungs- oder Entscheidungsfrage:

Nem tudjuk, hogy mikor indul a vonat. *Wir wissen nicht, wann der Zug abfährt.*

Megkérdezem, hogy indul-e még   *Ich frage nach, ob heute noch ein Zug*
ma vonat.   *fährt.*

Bei indirekten Entscheidungsfragen wird die Fragepartikel **-e** mit Bindestrich an das Verb bzw. Prädikat angefügt. Diese Satzform entspricht den deutschen *ob*-Sätzen:

Nem tudom, hogy a férjem   *Ich weiß nicht, ob mein Mann die Karten*
megvette**-e** már a jegyeket.   *schon gekauft hat.*

  Indirekte Fragen mit **sollen** werden im Ungarischen mit einem konjunktivischen Nebensatz wiedergegeben. Das Verb im Nebensatz erhält dabei die Konjunktivendung **-j-** (▶Kapitel Modus).

Péter nem tudja, hogy   *Péter weiß nicht, ob er mit Marika*
beszéljen-e Marikával.   *sprechen soll.*

Wunschsätze:

a) Das verbale Prädikat steht im Präsens Konditional, oft unter Zusatz von **bárcsak** – *ach … doch*:

Bárcsak több időm lenne!   *Ach hätte ich doch mehr Zeit!*

b) Wunschsätze können auch als untergeordnete Nebensätze formuliert werden:

De jó lenne, ha elutazhatnék a   *Wie schön wäre es, wenn ich ans Meer*
tengerhez!   *fahren könnte!*

De jó lett volna, ha nyertem volna *Wie schön wäre es gewesen, wenn ich*
a lottón!   *im Lotto gewonnen hätte!*

c) Die Wunschsätze können auch zornige Verwünschungen ausdrücken, dabei erscheint manchmal auch der Konjunktiv in Imperativ-Funktion:

Hogy dögölnél meg! / Dögölj meg! (derb) *Verrecke!*

Szakadna rá az ég! / Hogy szakadt   (derb) *Er/sie ist mir egal.* (wörtlich:
volna rá az ég! / Szakadjon rá az ég! *Der Himmel möge auf ihn/sie*
    herabstürzen.)

Aufforderungssätze:

In Aufforderungen steht das Verb meist im Konjunktiv, die Absicht des Sprechers kann aber auch mit anderen Mitteln ausgedrückt werden (▶Kapitel Modus).
Die Konstruktion **tessék + Infinitiv** wird als Höflichkeitsform verwendet, wenn – z. B. älteren Personen – besondere Hochachtung entgegengebracht werden soll, oder in Floskeln wie:

Tessék arrébb **menni**!   *Bitte gehen Sie zur Seite!*

Tessék szíves lenni arrébb **menni**! *Bitte seien Sie so freundlich und gehen*
    Sie zur Seite!

Legyen szíves arrébb menni!   *Gehen Sie bitte zur Seite!*
    (höfliche, formale Aufforderung)

Verneinende Sätze:

Die Verneinungspartikel **nem** bezieht sich sowohl auf Satzglieder als auch auf vollständige Sätze:

Ma **nem** úszni megyek, hanem   *Heute gehe ich nicht schwimmen, sondern*
táncolni.   *tanzen*.

– Jössz úszni?   *– Kommst du mit schwimmen?*

– **Nem**, **nem** jövök.   *– Nein, ich komme nicht mit.*

Bei relativen Verneinungen wird nur ein einzelnes Satzglied verneint:

Péter **nem** iskolába megy.   *Péter geht nicht zur Schule*
    (sondern woandershin).

Nem steht immer vor dem Wort, auf das es sich bezieht.
In Imperativsätzen steht statt nem **ne: Ne** ülj le! – *Setz dich nicht hin!*

Die Negation von **van** ist **nincs**:

A boltban **van** sör.	*Im Geschäft gibt es Bier.*
A boltban **nincs** sör.	*Im Geschäft gibt es kein Bier.*
Van időm.	*Ich habe Zeit.*
Nincs időm.	*Ich habe keine Zeit.*

Bei der **absoluten Verneinung** wird im Ungarischen **doppelt verneint**:

Péter **sehova sem** megy.	*Péter geht nirgendwohin.* (wörtlich: *Péter geht nirgendwo nicht hin.*)

Die Struktur der doppelten Verneinung:

Negatives Pronomen mit der entsprechenden Endung	Verneinungspartikel sem (= is + nem)	Verb
Semmit	sem	kérek.
Ich bitte um nichts.		
Sehova	sem	megyek.
Ich gehe nirgendwohin.		
Senkivel	sem	találkoztam.
Ich habe niemanden getroffen.		
Semmire	sem	emlékszem.
Ich erinnere mich an nichts.		

Verneinungspartikel nem (verneint den Satz als Ganzes)	Verb	Negatives Pronomen mit der entsprechenden Endung	(sem) nicht obligatorisch
Nem	kérek	semmit	(sem).
Ich bitte um (überhaupt) nichts. / Ich möchte (überhaupt) nichts haben.			
Nem	megyek	sehova	(sem).
Ich gehe nirgendwohin.			
Nem	találkoztam	senkivel	(sem).
Ich habe (überhaupt) niemanden getroffen.			
Nem	emlékszem	semmire	(sem).
Ich erinnere mich an (überhaupt) nichts.			

Es können auch mehrere Satzglieder gleichzeitig verneint werden:

Senki nem emlékszik semmire (sem).	*Keiner erinnert sich an irgendetwas.*
Senki nem megy sehova (sem).	*Keiner geht irgendwohin.*
Soha, sehol, senkitől nem kaptam semmilyen ajándékot.	*Ich habe niemals, nirgendwo, von niemandem (irgend)ein Geschenk bekommen. / Ich habe niemals irgendwo von jemandem (irgend)ein Geschenk bekommen.*

Statt **nincs** kann auch **sincs (= is + nincs)** gebraucht werden:

Nincs itt senki. / Senki **sincs** itt. *Hier ist (überhaupt) niemand.*

Nincs sehol a kulcsom. / *Mein Schlüssel ist nirgendwo.*
Sehol **sincs** a kulcsom.

Nincs semmim. / Semmim **sincs**. *Ich habe (überhaupt) nichts.*

Koordinierende Sätze

Diese Satzverbindungen bestehen aus mehreren gleichrangigen Teilsätzen, die durch Konjunktionen miteinander verbunden sind. Subordinierende Sätze (Relativsätze oder Satzgefüge) bestehen aus einem übergeordneten Haupt- und einem untergeordneten Nebensatz. Die Konjunktionen können allein oder paarweise auftreten, meist stehen sie vor dem zweiten Teilsatz.

Kopulative Satzverbindungen

a) ohne Konjunktion:

Esik a hó, fúj a szél. *Es schneit, es weht der Wind.*

b) **és, s, meg** – *und*:

Elmentem sétálni, **és** közben *Ich ging spazieren, und dabei traf ich*
találkoztam a régi barátommal. *meinen alten Freund.*

Megírom a levelet, **meg** felhívom *Ich schreibe den Brief und rufe dann*
Pétert. *Péter an.*

c) **is** kombiniert mit **és, s, meg** – *auch*:

Elmentem sétálni, **és/s/meg** *Ich ging spazieren, und dabei erledigte*
elintéztem közben a vásárlást **is**. *ich auch die Einkäufe.*

Is steht nach dem Wort, auf das es sich bezieht.

d) **is ... is** – *und ... auch*:

Süteményt **is** sütök, meg levest **is** *Ich backe Kuchen, und ich koche auch*
főzök. *Suppe.*

e) **sem** – *auch nicht*:

Ő nem hív fel, én **sem** hívom. *Er/sie ruft mich nicht an, ich rufe ihn/sie*
 auch nicht an.

f) **sem ... sem (se ... se)** – *weder ... noch*:

Nem eszem **sem** húst, **sem** sajtot. *Ich esse weder Fleisch noch Käse.*

g) **sőt** – *sogar*:

Csináltattam egy új ruhát, **sőt** *Ich habe mir ein neues Kleid machen*
vettem egy szép cipőt is. *lassen und habe sogar auch ein Paar*
 neue Schuhe gekauft.

h) **nemcsak ... hanem...is** – *nicht nur ... sondern auch*:

Nemcsak Péter, **hanem** Pál is *Nicht nur Péter, sondern auch Pál ist*
elutazott. *weggefahren.*

Adversative Satzverbindungen

a) **nem ... hanem** – *nicht ... sondern*:

Nem én írom meg a levelet, **hanem** te. *Nicht ich, sondern du schreibst den Brief.*

b) **de/azonban** – *aber/jedoch*:

Pistike egész nap vidáman játszott, **de** estére megbetegedett./ Pistike egész nap vidáman játszott, estére **azonban/azonban** estére megbetegedett.

Pistike spielte den ganzen Tag fröhlich, aber am Abend/am Abend jedoch wurde er krank.

De leitet immer den zweiten Teilsatz ein.

c) **viszont** – *aber, jedoch*:

Lehet, hogy te még szeretnél sétálni, én **viszont/viszont** én elfáradtam.

Es kann sein, dass du noch spazieren gehen möchtest, aber ich/ich jedoch bin müde.

d) **mégis** – erster Teilsatz: negative Voraussetzung, zweiter Teilsatz: positive Folge:

Nem készült a vizsgára, mégis átment. / **Keveset** készült a vizsgára, mégis átment.

Er/sie hat sich auf die Prüfung nicht vorbereitet, aber dennoch bestanden.
Er/sie hat sich wenig auf die Prüfung vorbereitet, aber dennoch bestanden.

e) **mégsem** – erster Teilsatz: positive Voraussetzung, zweiter Teilsatz: negative Folge:

Sokat tanult, mégsem kapott jó jegyet.

Er/sie hat sehr viel gelernt; trotzdem hat er/sie keine gute Note bekommen.

f) das Gegenteil von **mégsem: pedig/bár** – *obwohl*:

Nem utazott el, **pedig/bár** nagyon szeretett volna. / **Pedig/Bár** nagyon szeretett volna, mégsem utazott el.

Er/sie ist nicht weggefahren, obwohl er/sie es sehr wollte.
Obwohl er/sie es sehr wollte, ist er/sie nicht weggefahren.

Pedig/Bár sokat tanult, mégsem kapott jó jegyet.

Obwohl er/sie viel gelernt hat, hat er/sie keine gute Note bekommen.

Átment, **pedig/bár** keveset készült a vizsgára./ **Mégis** átment, **pedig/bár** keveset készült a vizsgára. **Pedig/Bár** keveset készült a vizsgára, **mégis** átment.

Er/sie hat bestanden, obwohl er/sie sich wenig auf die Prüfung vorbereitet hat.
Obwohl er/sie sich wenig auf die Prüfung vorbereitet hat, hat er/sie trotzdem bestanden.

Pedig und **bár** können mit und ohne **mégis, mégsem stehen.**

Disjunktive Satzverbindungen

a) **vagy, vagy … vagy** – *oder, entweder … oder*:

Velem jössz, **vagy** inkább itthon maradsz a többiekkel?

Kommst du mit mir mit, oder bleibst du zu Hause bei den anderen?

Vagy úszni megyek, **vagy** (pedig) sétálni a kutyával.

Entweder gehe ich schwimmen oder (aber) mit dem Hund spazieren.

b) **akár … akár** – *egal ob, ob … oder*:

Akár esik, **akár** fúj, mindennap sétálok egy órát.

Egal, ob es regnet oder der Wind weht, ich gehe jeden Tag eine Stunde lang spazieren.

Konklusions-Satzverbindungen

a) **tehát, úgyhogy** – *also, so dass*:

Csak egy óra múlva kezdődik az előadás, **tehát** biztosan odaérünk.

Die Vorlesung beginnt erst in einer Stunde, also kommen wir bestimmt rechtzeitig an.

b) **így** – *so*:

Csak egy óra múlva kezdődik az előadás, **így** biztosan odaérünk.

Die Vorlesung beginnt erst in einer Stunde, so kommen wir bestimmt rechtzeitig an.

c) **ezért** – *deshalb, infolgedessen, folglich, somit*:

Nem iszol elég folyadékot, **ezért** fáj a fejed.

Du trinkst nicht genügend Flüssigkeit, deshalb hast du Kopfschmerzen.

Kausale Satzverbindungen

mert, mivel – *weil, denn, da* + Referenzwort **azért**:

Fáj a fejed, **mert/mivel** nem iszol elég folyadékot. / **Azért** fáj a fejed, mert nem iszol elég folyadékot.

Du hast Kopfschmerzen, weil du nicht genügend Flüssigkeit trinkst.

Erläuternde Satzverbindungen

a) **illetve (ill.), azaz, vagyis** – *bzw., also, d. h.; oder auch*:

A fiam első gimnáziumba jár, **azaz/vagyis/ill.** a kilencedik osztályba.

Mein Sohn besucht die erste Gymnasiumsklasse, also die 9. Klasse.

b) **ugyanis, hiszen** – *nämlich*:

Nem félek a vizsgától, **ugyanis/hiszen** jól felkészültem.

Ich habe keine Angst vor der Prüfung, ich habe mich nämlich gut vorbereitet.

c) **úgyis** – *sowieso*:

Hiába készülök, a tanár **úgyis** rossz jegyet ad.

Ich bereite mich vergeblich (auf die Prüfung) vor, der Lehrer gibt mir sowieso eine schlechte Note.

d) **úgysem** – *sowieso nicht*:

Hiába készülök, **úgysem** kaphatok   *Es ist überflüssig, mich vorzubereiten,*
ennél a tanárnál jó jegyet.   *bei diesem Lehrer kann ich sowieso keine*
  gute Note bekommen.

Úgyis und **úgysem** werden wie **mégis** und **mégsem** verwendet. **Mégis** und
mégsem beziehen sich auf einen konkreten Fall, **úgyis** und **úgysem** haben
eine allgemeinere Bedeutung.

e) **ugyanis, tudniillik** – *nämlich*:

Sajnos, nem tudok elmeni   *Leider kann ich zu deiner Hochzeit nicht*
az esküvődre, **tudniillik/ugyanis**   *kommen, ich bin nämlich zu der Zeit im*
külföldön leszek abban az időben.   *Ausland.*

Konditionale Satzgefüge

ha, hogyha – *falls, wenn*:

Ha szép az idő, sétálunk.   *Wenn das Wetter schön ist, gehen wir*
  spazieren.

Dieser Satztyp wird nur im Präsens verwendet. Er ist den temporalen Sätzen
mit **amikor** sehr ähnlich *(siehe unten)*.

Temporale Satzgefüge

a) Gleichzeitige Ereignisse: **mialatt, miközben, amíg, amikor** – *solange,
während, als*:

Mialatt olvasott, szólt a zene. /   *Während er las, erklang die Musik.*
Szólt a zene, **amikor** olvasott.

Amíg a gyerek aludt, a mama   *Solange das Kind schlief, putzte die*
kitakarította a lakást.   *Mutter die Wohnung.*

A mama kitakarította a lakást,   *Die Mutter putzte die Wohnung, solange*
amíg a gyerek aludt.   *das Kind schlief.*

Amikor szép volt az idő,   *Als das Wetter schön war, gingen wir*
sétáltunk.   *spazieren.*

b) Vorzeitige Ereignisse: **mielőtt** – *bevor*:

Mielőtt hazaértem, vettem egy   *Bevor ich nach Hause kam, kaufte ich*
kiló kenyeret.   *ein Kilo Brot.*

Vettem egy kiló kenyeret, **mielőtt**   *Ich kaufte ein Kilo Brot, bevor ich nach*
hazaértem.   *Hause kam.*

c) Nachzeitige Ereignisse: **miután** – *nachdem*:

Miután ettem, elindultam.   *Nachdem ich gegessen hatte, ging ich los.*

Elindultam, **miután** ettem.   *Ich ging los, nachdem ich gegessen hatte.*

d) **amint, mihelyt** – *sobald* (zwischen Gleichzeitigkeit und Nachzeitigkeit):

Amint/mihelyt megírtam   *Sobald ich den Brief geschrieben habe,*
a levelet, elindulok.   *gehe ich los.*

e) **mire** – *bis*:

Mire elkészülsz, este lesz.   *Bis du fertig bist, wird es Abend.*

(Die Subjekte müssen in den beiden Sätzen unterschiedlich sein.)

Komparative Satzgefüge (▶Kapitel Der Vergleich)

a) **mint, mintha** – *als, als ob, wie*:

Ez a ház olyan, **mint** a másik.   *Dieses Haus ist so wie das andere.*

Péter úgy tanul, **mint** Pál.   *Péter lernt so wie Paul.*

Úgy éreztem magam, **mintha**   *Ich habe mich gefühlt, als ob ich*
álmodnék.   *träumte.*

b) **minél ..., annál** – *je ..., desto/umso ...*:

Minél több időm van,   *Je mehr Zeit ich habe, desto mehr Sport*
`annál` többet sportolok.   *treibe ich.*

c) **... annál, mintsem**, **semmint** – *zu ..., als dass*:

Okosabb **annál**, **mintsem/**   *Er/sie ist zu klug, als dass sie so etwas*
semmint ilyesmit csinálna/-jon.   *tun würde.*

Der mit **mintsem/semmint** eingeleitete Satz steht im Konditional oder
im Konjunktiv.

Relativsätze

Relativsätze sind Satzgefüge, in deren Hauptsatz ein Bezugswort auf den
Nebensatz hinweist.
Der Nebensatz wird von einem Bindewort eingeleitet. Die Form von Bezugs-
und Bindewort richtet sich nach deren grammatischer Funktion im Haupt-
bzw. Nebensatz. Bezugswörter sind Demonstrativpronomen mit dunklem
Stammvokal (**a**, **o**, **u**, **ú**). (▶Kapitel Das Demonstrativpronomen)

Akkusativobjekt.

Attila szereti a süteményt.   Attila mamája gyakran süt süteményt.
Attila mag Kuchen.   *Attilas Mama backt oft Kuchen.*

Objektsatz:

Attila azt szereti, amit a mamája süt.   *Attila mag, was die Mama backt.*

Attributsatz:

Attila **azt** a süteményt szereti,   *Attila mag jenen Kuchen,*
amelyiket a mamája szokott sütni.   *den die Mama zu backen pflegt.*

Arról a lányról beszélgettünk,   *Wir haben über das Mädchen gesprochen,*
akivel a múltkor együtt nyaraltunk.   *mit dem wir damals Urlaub gemacht haben.*

Abban a házban lakom,   *Ich wohne in jenem Haus, in dem mein*
amelyikben a barátom.   *Freund wohnt.*

Einige Beispiele für untergeordnete **Nebensätze**:
(Bezugs- und Bindewörter sind fett gedruckt.)

Aki kíváncsi, (**az**) hamar megöregszik.	*Wer neugierig ist, wird schnell alt.*
Hallottam (**azt**), **amit** mondtál.	*Ich habe gehört, was du gesagt hast.*
Olyat vett, **ami** haszhálhatatlan.	*Er/sie hat (so) etwas gekauft, was unbrauchbar ist.*
Ott akarok élni, **ahol** te.	*Ich möchte dort leben, wo du lebst.*
Onnan jövök, ahol te is jártál.	*Ich komme von dort, wo auch du gewesen bist.*
Akkor találkoztunk, **amikor** még egyetemre jártunk.	*Wir haben uns getroffen, als wir noch zur Universität gingen.*
Addig várj, **amíg** meg nem érkezem.	*Warte (solange), bis ich ankomme.*
Annyiszor jöhetsz fel hozzám, **ahányszor** csak akarsz.	*Du kannst zu mir heraufkommen, so oft du nur willst.*
Annyian voltak, **ahányan** befértek a terembe.	*Sie waren so viele, wie in den Raum hineinpassten.*
Azzal találkoztam, **akit** már régen nem láttam.	*Ich habe denjenigen/diejenige getroffen, den/die ich schon lange nicht gesehen hatte.*
Azért ment vissza, **amit** otthonfelejtett.	*Er/sie ging zurück, um zu holen, was er/sie vergessen hatte.*
Annak adom a könyvet, **aki** el szeretné olvasni.	*Ich gebe das Buch demjenigen/derjenigen, der/die es lesen möchte.*

Die *dass*-Sätze:

Grammatisch gesehen sind sie Objektsätze: Das Objekt des Hauptsatzes verweist auf den Inhalt des untergeordneten Nebensatzes:

a) Einfacher Objektsatz:

Azt hallottam, hogy Kati férjhez megy. *Ich habe gehört, **dass** Kati heiraten wird.*

b) Indirekter Fragesatz mit Fragewort

Megérdeklődöm, (hogy) **hánykor** találkozunk.   *Ich frage nach, **wann** wir uns treffen.*

c) Indirekter Fragesatz ohne Fragewort – Entscheidungsfrage
Gibt es kein Fragewort, steht **-e** am verbalen Teil des Prädikats.

Megkérdeztem, hogy találkozunk-**e** a héten.   *Ich habe nachgefragt, **ob** wir uns diese Woche treffen.*

d) Indirekte Bitte, Wunsch, Aufforderung
Je näher **hogy** zur wirklichen Aufforderung steht, desto wahrscheinlicher ist sein Wegfall. Das Verb des untergeordneten Satzes steht im Konjunktiv.

Kértelek, hogy vidd le a szemetet.	*Ich habe dich gebeten, den Abfall hinunterzubringen.*
Kérlek, (hogy) vidd le a szemetet!	*Bitte, bring den Abfall hinunter!*
Mondtam már, hogy induljunk!	*Ich habe schon gesagt, dass wir losgehen sollten.*

e) Finalsatz *um … zu*
   Das Verb des untergeordneten Satzes steht im Konjunktiv.

   Elmegyek, hogy vegyek néhány zsemlét.   *Ich gehe los, um einige Brötchen*
                                            zu kaufen.

f) **ahelyett … hogy** – *anstatt … dass*
   Das Verb des Hauptsatzes steht im Konditional.

   Ahelyett, hogy tanulna,   *Anstatt zu lernen, hört er/sie nur*
   csak zenét hallgat.   *Musik.*

g) **anélkül … hogy** – *ohne … dass/ohne … zu*
   Das Verb des Nebensatzes steht im Konditional.

   Elmész anélkül, hogy elbúcsúznál   *Gehst du weg, ohne dich von mir zu*
   tőlem?   *verabschieden?*

h) **úgy … hogy** – *so … dass*
   Úgy fáj a fejem, hogy alig bírom.   *Ich habe so starke Kopfschmerzen, dass*
                                            ich es kaum ertrage.

   Olyan hőség van, hogy csak a   *Es ist eine solche Hitze, dass ich mich*
   fürdőkádban érzem jól magam.   *nur in der Badewanne wohlfühle.*
   Akkorát kiáltott, hogy majdnem   *Er/sie hat so sehr geschrien, dass ich*
   megsüketültem.   *fast taub wurde.*

Zwei satzwertige Aussagen können auch zu einem einfachen Satz verdichtet
werden, z. B. zu Infinitiv- und Partizipialsätzen:
Elmegyek, hogy cipőt vegyek. / Elmegyek cipőt venni.
Ich gehe, um Schuhe zu kaufen. / Ich gehe Schuhe kaufen.

(▶Kapitel Der Infinitiv)

12   Die Struktur des Satzes

Die Wörter erfüllen ihre kommunikative Funktion erst als Satzglieder im Satz. Das **Subjekt** gibt an, worüber gesprochen wird. Die neue Information steht im **Prädikat**. Die Adverbialbestimmungen erweitern die Aussage und geben z. B. Ziel, Grund, Zeit, Ort usw. an. Das **Akkusativobjekt** zeigt an, worauf die Handlung gerichtet ist. Es spielt eine besonders wichtige grammatische Rolle und beeinflusst im Ungarischen auch die Konjugation des Verbs. Die **Attribute** erweitern nominale Satzglieder, die **Adverbien** erweitern Verben.

Kovácsék aranyos kisfia tegnap a kertben nagy homokvárat épített.

Der niedliche Junge der Familie Kovács hat gestern im Garten eine große Sandburg gebaut.

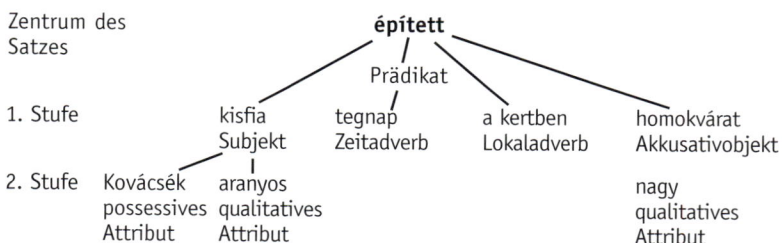

Zentrum des Satzes		**épített**		
			Prädikat	
1. Stufe	kisfia	tegnap	a kertben	homokvárat
	Subjekt	Zeitadverb	Lokaladverb	Akkusativobjekt
2. Stufe	Kovácsék	aranyos		nagy
	possessives Attribut	qualitatives Attribut		qualitatives Attribut

Das Prädikat

Das **Prädikat** ist das grammatische und funktionale Zentrum des Satzes. Es besteht aus mindestens einem Verb und kann auch Verbzusätze haben (mehrteiliges Prädikat).

Das **Verb** weist auf Person und Zahl des Subjekts hin sowie – im Unterschied zu den indoeuropäischen Sprachen – auf die **Bestimmtheit oder Unbestimmtheit des Akkusativobjekts**:

A kutya ugat.   *Der Hund bellt.*

A kutyák ugatnak.   *Die Hunde bellen.*

A kutya a Holdat ugatja. *Der Hund bellt den Mond an.*

(▶Kapitel Bestimmtheit oder Unbestimmtheit des Akkusativobjekts)

Mehrteiliges Prädikat

Das mehrteilige Prädikat besteht aus einem verbalen und einem nichtverbalen Teil.

a) Prädikative Konstruktion mit dem Verb **van** – *ist:*

Substantiv	+ van – *ist*:	**Tanár vagyok.** – *Ich bin Lehrer(in).*
		Péter **tanár volt**. – *Péter war Lehrer.*
Adjektiv	+ van – *ist*:	**Okos vagyok.** – *Ich bin klug.*
		Péter **okos**. – *Péter ist klug.*

Partizip Präsens	+ van – *ist*:	Ez a ház **eladó**.
		Dieses Haus ist zu verkaufen.
		Ez a ház tegnap még **eladó volt.**
		Dieses Haus war gestern noch zu verkaufen.
Adverbien	+ van – *ist*:	Péter a **házban van.** – *Péter ist im Haus.*
Adverbialpartizip	+ van – *ist*:	Ez a feladat már **meg van oldva.**
		Diese Aufgabe ist bereits gelöst.

b) Komplexe Verben:

Präfix + Verb, idiomatische Verbkonstruktionen:	**Írd meg** a levelet! – *Schreibe den Brief!*
	Rendet raktam. – *Ich habe Ordnung gemacht.*
	A szomszédomat **Kovács Jánosnak hívják.**
	Mein Nachbar heißt (wörtlich: meinen Nachbarn nennt man) *János Kovács.*
Verbkonstruktionen mit Hilfsverb:	**Nem tudok** korán **felkelni.**
	Ich kann nicht früh aufstehen.
	Már megint **el kell utaznom** Debrecenbe.
	Ich muss schon wieder nach Debrecen fahren.

Van – *ist* oder **vannak** – *sind* entfällt, wenn das Prädikat ein Substantiv oder Adjektiv ist: **Áron tanár.** – *Áron ist Lehrer.* **Ők okosak.** – *Sie sind klug.* Das heißt, auf die Fragen **Ki?/Kik?** – *Wer?*, **Mi?/Mik?** – *Was?*, **Milyen?/Milyenek?** – *Wie?* wird in der 3. Person Singular und Plural Präsens Indikativ ohne **van/vannak** geantwortet.

Form von		
van + Substantiv: van/vannak entfallen	**van + Adjektiv: van/vannak entfallen**	**van + Adverb/ Adverbialpartizip: van/vannak bleiben**
Tanár vagyok. *Ich bin Lehrer(in).*	Fáradt vagyok. *Ich bin müde.*	Itt vagyok. – *Ich bin hier.*
Tanár vagy. *Du bist Lehrer(in).*	Fáradt vagy. *Du bist müde.*	Itt vagy. – *Du bist hier.*
Áron tanár. *Áron ist Lehrer.*	**Áron fáradt.** *Áron ist müde.*	**Itt (van) a kulcs.** *Der Schlüssel ist hier.*
Tanárok vagyunk. *Wir sind Lehrer(innen).*	Fáradtak vagyunk. *Wir sind müde.*	Itt vagyunk. – *Wir sind hier.*
Tanárok vagytok. *Ihr seid Lehrer(innen).*	Fáradtak vagytok. *Ihr seid müde.*	Itt vagytok. – *Ihr seid hier.*
Péterék tanárok. *Péters Leute sind Lehrer(innen).*	**A gyerekek fáradtak.** *Die Kinder sind müde.*	**Itt vannak a kulcsok.** *Die Schlüssel sind hier.*

Das Subjekt

Das ungarische Subjekt steht im Nominativ – das heißt, es hat keine Kasusendung.

Es kann aber folgende **Grundsuffixe** haben:
- Pluralzeichen:
  A gyerek**ek** játszanak.   *Die Kinder spielen.*
- Besitzzeichen:
  A lányom**é** a legszebb.   *Der/Die/Das meiner Tochter Gehörende ist das schönste.*
- Besitzerzeichen:
  Jön a fia**m**.   *Mein Sohn kommt.*
- Zeichen für Besitztum im Plural:
  Itt jönnek a gyerek**eim**.   *Hier kommen meine Kinder.*

(▶Kapitel Das Substantiv)

Im Ungarischen weist bereits die Endung des Verbs eindeutig auf Person und Zahl des Subjekts hin, deshalb kann es häufig entfallen:

Ø Ül**ök**. – *Ich sitze.*   Ø Levelet ír**unk**. – *Wir schreiben einen Brief.*

Wird das Pronomen genannt, dann ist das Subjekt betont:

Én ülök itt, és nem **te**.   *Ich sitze hier, und nicht du.*

(▶Kapitel Konjugation des Verbs)

Es gibt auch **subjektlose Sätze**, die im Deutschen mit *es* übersetzt werden:

Esik.   *Es regnet.*
Havazik.   *Es schneit.*
Dörög.   *Es donnert.*

Das allgemeine Subjekt wird mit **az ember** – *man* (wörtlich: *der Mensch*) oder einfach mit der 3. Person Plural ausgedrückt:

Az ember azt se tudja, hogy hol áll a feje.
Man weiß nicht, wo einem der Kopf steht.

Nem tudom, mit akar**nak** már megint tőlem a hivatalban.
Ich weiß nicht, was man auf dem Amt schon wieder von mir will/was die auf dem Amt schon wieder von mir wollen.

Steht der **Infinitiv** ohne Personalendung, dann hat er allgemeine Bedeutung:
Dohányozni tilos.   *Rauchen verboten.*

Hat der **Infinitiv** eine Personalendung, dann bezieht er sich auf die entsprechende Person:
Nagyon kell sietn**em**.   ***Ich*** *muss mich sehr beeilen.*

Der einfache Infinitiv kann auch als Subjekt auftreten:
Nagyon kellemes volt veled   *Es war sehr angenehm sich mit dir zu*
beszélgetni.   *unterhalten.*

Das Akkusativobjekt

Das Akkusativobjekt ist jener Mitspieler des Verbs, auf den die Handlung gerichtet ist:

Megnézem az új **filmet.**   *Ich sehe mir den neuen Film an.*

Gergő **levelet** ír   *Gergö schreibt einen Brief.*

A papa véletlenül összetörte   *Der Papa hat die Vase versehentlich*
a vázát.   *zerbrochen.*

Verschiedene Formen des Akkusativobjekts:

Substantiv + -t:

Könyvet olvasok.   *Ich lese ein Buch.*

Substantiviertes Adjektiv + -t:

A legjobbakat kívánom.   *Ich wünsche (jdm.) das Allerbeste.*

Partizip Präteritum + -t:

A **főttet** kérem, nem a **sültet**!   *Ich möchte das Gekochte, nicht das*
                                    Gebratene. (z. B. Fleisch).

Pronomen + -t:

Vidd már el **ezt**!   *Nimm das endlich weg!*

Substantiviertes Zahlwort + -t:

Ötöt vettél?   *Hast du fünf gekauft?*

Infinitiv:

Szeretek **táncolni.**   *Ich mag Tanzen.*

Untergeordneter Akkusativ-Satz:

Megkérdeztem, **hogy indul-e**   *Ich habe gefragt, ob der Zug fährt.*
a vonat.

Kérem, **vigye innen a kutyáját**.   *Bitte* (wörtlich: *ich erbitte es*) *nehmen*
                                    Sie Ihren Hund hier weg.

Die Akkusativbildung wird beim Substantiv (▶Kapitel Akkusativbildung) behandelt.

Warum ist das Akkusativobjekt so wichtig?

Das Akkusativobjekt spielt im Satzbauplan eine besonders wichtige Rolle. Abhängig davon,

ob es im Satz ein Akkusativobjekt gibt oder nicht,
ob das Akkusativobjekt bestimmt ist oder unbestimmt,

verändert sich die Konjugation des Verbs.

Gibt es im Satz kein oder nur ein unbestimmtes Akkusativobjekt, wird das Verb unbestimmt konjugiert. Gibt es im Satz oder im Kontext ein bestimmtes Akkusativobjekt, wird das Verb bestimmt konjugiert:

Im Satz gibt es ein Akusativobjekt		Im Satz gibt es kein Akkusativobjekt
Das Akkusativobjekt ist bestimmt	**Das Akusativobjekt ist unbestimmt**	
Bestimmte Konjugation	Unbestimmte Konjugation	Unbestimmte Konjugation
Megveszem a könyveket. *Ich kaufe die Bücher.*	Füzetet veszek. *Ich kaufe ein Heft.*	Iskolába megyek. *Ich gehe in die Schule.* A ház előtt állnak. *Sie stehen vor dem Haus.* Írok. – *Ich schreibe.*

Richtet sich eine Handlung auf ein Objekt, das den Gesprächsteilnehmern bekannt, fassbar oder eindeutig ist, dann wird das Verb im Satz bestimmt konjugiert. Formal erkennt man bestimmte Objekte am bestimmten Artikel, an der Possessivendung, dem Demonstrativpronomen und anderen Merkmalen.

☐ Nicht die grammatische Form ist ausschlaggebend für die Bestimmtheit
○ oder Umbestimmtheit, sondern die außersprachliche Determiniertheit bzw. Nicht-Determiniertheit.

Personalpronomen der 1. und 2. Person Singular und Plural gelten als unbestimmt:
Péter szeret **engem/téged.**   *Péter liebt mich/dich.*
A szomszéd nem ismert meg   *Der Nachbar hat uns/euch*
minket/titeket.   *nicht erkannt.*

Bestimmt ist das Personalpronomen in der 3. Person Singular und Plural:
Péter jól ismeri **őt.**   *Péter kennt ihn/sie gut.*

Wer?	Bestimmte Konjugation	Wen?	Unbestimmte Konjugation	Wen?
(én)	szeretem		szeretlek	téged/titeket
(te)	szereted		szeretsz	engem/minket
(ő)	szereti	őt/őket/ Önt/Önöket	szeret	engem/minket téged/titeket
(mi)	szeretjük		szeretünk	téged/titeket
(ti)	szeretitek		szerettek	engem/minket
(ők)	szeretik		szeretnek	engem/minket téged/titeket
ich liebe du liebst usw.		*ihn/sie/ Sie*	*ich liebe dich/euch du liebst mich/uns* usw.	

Im Text können die Personalpronomen weggelassen werden, weil die Konjugationsendungen genau zeigen, worauf sich die Handlung bezieht.

Dialog im Ungarischen:

– Képzeld, tegnapelőtt megismerkedtem egy kedves fiúval.
  Megadtam neki a telefonszámomat, s ma reggel már fel is hívott.

– Tegnap nem lát**tad**?

– Nem, tegnap a kisöcsémmel töltöttem a napot.
  Megfürdette**m**, elvitte**m** az orvoshoz, utána megebédeltette**m**.

– Látom, nagyon szeret**ed**, és törődsz vele.

Dialog im Deutschen:

– *Stell dir vor, vorgestern habe ich einen netten Jungen kennengelernt.*
  *Ich habe ihm meine Telefonnummer gegeben, und heute morgen hat er **mich** schon angerufen.*

– *Gestern hast du **ihn** nicht gesehen?*

– *Nein, gestern habe ich den Tag mit meinem kleinen Bruder verbracht.*
  *Ich habe **ihn** gebadet und zum Arzt gebracht, danach habe ich **ihm** Mittagessen gegeben.*

– *Ich sehe, du hast **ihn** sehr gern und kümmerst dich um ihn.*

Zusammenfassung der bestimmten und unbestimmten Akkusativobjekte

Bestimmtes Akkusativobjekt	Unbestimmtes Akkusativobjekt
Eigenname: Ismerem Marit. – *Ich kenne Mari.*	–
Substantiv mit bestimmtem Artikel: Szeretem a csokoládét. *Ich mag (die) Schokolade.*	**Substantiv ohne Artikel:** Sajtot eszem. – *Ich esse Käse.*
Substantive mit Besitzerzeichen oder Besitzzeichen: Péter könyvét kérem./Péterét kérem. *Ich möchte Péters Buch/das von Péter.*	**Substantiv mit unbestimmtem Artikel:** Vágok egy szelet sajtot. *Ich schneide eine Scheibe Käse ab.*
Personalpronomen (3. Person): Péter szereti őt, szereti őket. *Péter liebt sie/ihn, sie.*	**Personalpronomen (1. und 2. Person):** Péter szeret engem, szeret téged, szeret minket, szeret titeket. *Péter liebt mich, dich, uns, euch.* Szeretlek téged. – *Ich liebe dich.*

Demonstrativpronomen:

Ezt az almát kérem./Ezt kérem.
Ich möchte diesen Apfel/diesen.

Indefinitpronomen:

Valamilyen olvasnivalót kérek.
Ich möchte irgendetwas zum Lesen.
Valamilyet kérek.
Ich möchte irgendetwas.
Gondoltam valamit. – *Ich dachte etwas.*

Reflexiv- und Reziprokpronomen:

Szeretjük egymást.
Wir lieben einander.
Meglepem magam.
Ich überrasche mich.

Fragepronomen oder Adjektiv in pronominaler Funktion:

Kit látsz? – *Wen siehst du?*
Szépet válassz! – *Such dir ein/e(n) schöne(n/s) aus.*
Milyet kérsz? – *Was für eine(n/s) möchtest du?*

Alle Pronomen auf -ik:

Melyiket kéred?
Welche(n/s) möchtest du?
A másikat kérem.
Ich möchte den/die/das andere.

Bezeichnung einer unbestimmten Menge:

Valami mást kérek.
Ich möchte etwas anderes.
Egy másikat kérek, nem ezt.
Ich möchte ein/e(n) andere(n/s).

Bezeichnung einer bestimmten, bekannten Menge:

Mindet elviszem./Valamennyit elviszem. – *Ich nehme alles mit.*

Bezeichnung einer unbestimmten Menge:

Mindent elviszek. – *Ich nehme alles mit.*
Valamennyit elviszek, de itt is hagyok belőle. – *Ich nehme etwas davon mit, lasse aber auch etwas davon da.*

Infinitiv mit einem eigenen bestimmten Akkusativobjekt:

Meg akarom venni azt a biciklit.
Ich will dieses Fahrrad kaufen.

Infinitiv ohne Akkusativobjekt:

Szeretek úszni. – *Ich schwimme gern.*
(wörtlich: *Ich liebe es zu schwimmen.*)

Untergeordneter Objektsatz mit dem Bezugswort azt („azt" kann auch weggelassen werden):

Hallottad (azt), hogy mi történt Julival? – *Hast du gehört, was mit Juli passiert ist?*
Csináld már (azt), amit kértem.
Mach endlich (das), worum ich dich gebeten habe.

Adverbialer, attributiver Nebensatz:

Hallottál arról, hogy jövő héten nem lesz tanítás? – *Hast du davon gehört, dass nächste Woche kein Unterricht ist?*
Olyat kiáltott, hogy mindenki összerezzent. – *Er/sie schrie, dass alle zusammenzuckten.*
Csinálj, amit akarsz. – *Mach, was du willst.*
Annyit kérj, amennyit csak tudsz.
Verlange, so viel du nur kannst.

Die Adverbialbestimmungen werden durch suffigierte Substantive, postpositionale Konstruktionen und Adverbien realisiert.
(▶Kapitel Zusammenfassung der Kasussuffixe und ▶Kapitel Das Adverb)

Orts- und Zeitbestimmungen bilden ein dreigliedriges System, sie benennen das Woher? (Beginn Ausgangspunkt, Quelle), Wo? (Dauer, Ort) und Wohin? (Ziel, Richtung) der Handlung.

Das System der Adverbialbestimmungen

Bedeutung	Nach der dreifachen Gliederung		
	Beginn	**Dauer**	**Ziel**
Ort	**Honnan? –** *Woher?*	**Hol? –** *Wo?*	**Hová? –** *Wohin?*
	A templom**ból** jövök. *Ich komme aus der Kirche.*	János a kocsmá**ban** ül. *János sitzt in der Kneipe.*	A gyerek az iskolá**ba** megy. *Das Kind geht in die Schule.*
Zeit	**Mióta? –** *Seit wann?*	**Mikor? –** *Wann?*	**Meddig? –** *Bis wann?*
	Két het**e** nyaralok. *Seit zwei Wochen bin ich auf Sommerurlaub.*	Öt**kor** találkozunk! *Um fünf treffen wir uns.*	Hét**ig** dolgozom. *Ich arbeite bis sieben Uhr.*
		Hányszor? – *Wie oft?*	
		Három**szor** egy héten megyek úszni. *Wöchentlich dreimal gehe ich schwimmen.*	

Ortsbestimmungen

Endungen		
Honnan? – *Woher?*	**Hol? – *Wo?***	**Hová? – *Wohin?***
-ból/-ből Kijövök a ház**ból**. *Ich komme aus dem Haus heraus.*	**-ban/-ben** A ház**ban** ülök. *Ich sitze im Haus.*	**-ba/-be** Bemegyek a ház**ba**. *Ich gehe ins Haus hinein.*
-ról/-ről Leveszem a könyvet a polc**ról**. *Ich nehme das Buch vom Regal herunter.*	**-n/-on/-en/-ön** A könyv a polc**on** van. *Das Buch ist auf dem Regal.*	**-ra/-re** Felteszem a könyvet a polc**ra**. *Ich stelle das Buch aufs Regal.*
-tól/-től A busz a templom**tól** indul. *Der Bus fährt an der Kirche ab.*	**-nál/-nél** Az első megálló az iskolá**nál** van. *Die erste Haltestelle ist an der Schule.*	**-hoz/-hez/-höz** Busszal megyek a nagymamá**hoz**. *Ich fahre mit dem Bus zur Großmutter.*

Postpositionen		
Honnan? – *Woher?*	**Hol? – *Wo?***	**Hová? – *Wohin?***
alól A híd **alól** jön a busz. *Der Bus kommt unter der Brücke hervor.*	**alatt** A buszmegálló a híd **alatt** van. *Die Bushaltestelle ist unter der Brücke.*	**alá** Esik az eső, szaladjunk be a híd **alá**! *Es regnet, lasst uns unter die Brücke rennen!*
fölül Vidd el a lámpát az ágyam **fölül**! *Nimm die Lampe über meinem Bett weg.*	**felett/fölött** Az ágyam **fölött** egy szép csillár lóg. *Über meinem Bett hängt ein schöner Leuchter.*	**fölé** Akaszd a lámpát az ágyam **fölé**! *Häng die Lampe über mein Bett.*
felől Az erdő **felől** fúj a szél. *Der Wind weht vom Wald her.*	**felé** A hegy **felé** van egy nagyon szép kert. *In Richtung des Berges gibt es einen sehr schönen Garten.*	**felé** Először menjen a templom **felé**, aztán kanyarodjon balra! *Gehen Sie zuerst Richtung Kirche und biegen Sie dann links ein!*
mellől A ház **mellől** elszaladt egy kutya. *Ein Hund rannte vom Haus weg* (wörtlich: *von neben dem Haus weg*).	**mellett** A falu **mellett** erdő van. *Neben dem Dorf ist Wald.*	**mellé** A ház **mellé** fenyőket ültetünk. *Wir pflanzen Tannen neben das Haus.*

elől
Vedd el az orrom **elől**
az üveget!
Nimm die Flasche vor
meiner Nase weg.
Tűnj el a szemem elől!
Verschwinde (wörtlich:
von vor meinen Augen)*!*

előtt
Az ablak **előtt** kinyílt
a rózsa.
Vor dem Fenster ist
die Rose aufgeblüht.

elé
A házunk **elé** egy
parkolót akarnak építeni.
Vor unser Haus soll ein
Parkplatz gebaut werden.

közül
Válassz ki a könyvek
közül egyet!
Wähle unter den Büchern
eines aus!

között
A két ház **között** van
a park.
Zwischen den beiden
Häusern gibt es einen
Park.

közé
Tedd ezt a számlát is
a többi **közé**!
Lege auch diese
Rechnung zu den
(wörtlich: *zwischen die*)
anderen.

mögül
Az ajtó **mögül** kiszaladt
egy macska.
Hinter dem Auto flitzte
eine Katze hervor.

mögött
Péter **mögött** áll
a kutyája.
Hinter Péter steht
sein Hund.

mögé
A képet eldugom
a szekrény **mögé**.
Ich verstecke das Bild
hinter dem (wörtlich:
den) *Schrank.*

–

körül
A gyerekek a ház **körül**
játszanak.
Die Kinder spielen am
Haus (wörtlich: *um das*
Haus herum)

köré
Tegyétek a székeket
az asztal **köré**!
Stellt die Tische um den
Tisch herum!

Adverbien (Verbalpräfixe)		
Honnan? – *Woher?*	**Hol? – *Wo?***	**Hová? – *Wohin?***
lentről	lent – *unten*	le
fentről(felülről)	fent(felül) – *oben*	fel
kintről(kívülről)	kint(kívül) – *draußen*	ki
bentről	bent – *drinnen*	be
innen	itt – *hier*	ide
onnan	ott – *dort*	oda
elölről	elöl – *vorn*	előre
hátulról	hátul – *hinten*	hátra
közelről	közel – *in der Nähe*	közelre
messziről	messze – *weit*	messzire
távolról	távol – *fern*	távolra
otthonról	otthon – *zu Hause*	haza(!)
jobbról	jobbra – *rechts*	jobbra
balról	balra – *links*	balra

Beginn und Ziel werden mit Verben der Bewegung ausgedrückt, die Dauer der Handlung mit statischen Verben. Es kann aber auch vorkommen, dass ein *Wo?*-Fall mit einer Bewegung in Zusammenhang gebracht wird:

A zöld épület mellett megyünk iskolába.

Unser Weg zur Schule führt an dem grünen Gebäude vorbei.

Innere und äußere Relation

Ortsbestimmungen beziehen sich entweder auf das Innere der Sache oder auf die Oberfläche:
- Innenraum: **-ban/-ben, -ból/-ből, -ba/-be**
- Horizontale Oberfläche: **-n, -on/-en/-ön, -ra/-re, -ról/-ről**
- Vertikale Oberfläche: **-nál/-nél, -tól/-től, -hoz/-hez/-höz**

Einige Beispiele mit **Ortsadverbien**:
lakik valahol – *wohnen irgendwo:*

a Csalogány utcá**ban**	*in der Csalogány-Straße*
a Budafoki út**on**	*in der Budafoker Straße*
a Március 15. tér**en**	*am/auf dem Platz des 15. März*
a Ferenciek ter**én**	*am/auf dem Franziskanerplatz*
a ház**ban**	*im Haus*
a szobá**ban**	*im Zimmer*
szállodá**ban**	*im Hotel*
kollégium**ban**	*im Studentenwohnheim*
a Városliget**ben**	*im Stadtwäldchen*
a falu**ban**	*in dem Dorf*
az első emelet**en**	*in der ersten Etage*
a földszint**en**	*im Erdgeschoss*
egy lakótelep**en**	*in einem Wohnblockgebiet*
vidék**en**	*auf dem Lande*
falu**n**	*auf dem Dorf*
város**ban**	*in der Stadt*
albérlet**ben**	*zur Untermiete*
a barátom**nál**	*bei meinem Freund*
Kovács néni**nél**	*bei Tante Kovács*

sétál az **utcán**	*auf der Straße spazieren gehen*
átmegy az **utcán**	*über die Straße gehen*
autók járnak az **utcán**	*auf der Straße fahren Autos* – Bewegung

Az **utcában** sorházak és néhány családi ház áll.	*In der Straße stehen Reihenhäuser und einige Einfamilienhäuser.*
Az **utcákban** magas fák nőnek.	*An den Straßen wachsen hohe Bäume.*
A **sarkon** áll a rendőr.	*An der Ecke (draußen) steht der Polizist.*
A **sarokban** áll a kínai váza.	*In der Ecke (drinnen) steht die chinesische Vase.*

Namen von Orten, die bis 1920 zu Ungarn gehört haben, werden immer in der ungarischen Variante verwendet:

Kolozsvár – Kolozsvárott/Kolozsváron (Cluj Napoca)

Nagyvárad – Nagyváradon (Oradea)

Pozsony – Pozsonyban (Bratislava)

Szabadka – Szabadkán (Subotica)

Rozsnyó – Rozsnyón (Roznava) usw.

Städte, die mit Ungarn in historischer, ökonomischer oder politischer Beziehung stehen, werden oft mit ungarischem Namen erwähnt:

Bécsben – *in Wien*	Milánóban – *in Mailand*	Velencében – *in Venedig*
Drezdában – *in Dresden*	Lipcsében – *in Leipzig*	Brémában – *in Bremen*

dolgozik – *arbeiten*:

hivatal**ban** *in/bei einem Amt*	irodá**ban** – *im Büro*	gyár**ban** – *in der Fabrik*
vállalat**nál** – *im Betrieb*	cég**nél** – *bei einer Firma*	Kft-**nél** – *bei einer GmbH*
társaság**nál** *bei einer Gesellschaft*	az Audi**nál** – *bei Audi*	bank**ban** – *bei der Bank*
kórház**ban** – *im Krankenhaus*	bolt**ban** – *im Laden*	postá**n** – *auf der Post*
egyetem**en** *an der Universität*	pályaudvaro**n** *auf dem Bahnhof*	rendőrség**en** *auf der Polizei*

Zeitbestimmungen

Mit Präsens, Präteritum und Futur stehen im Ungarischen nur drei grammatische Zeitformen zur Verfügung. Um Vorzeitigkeit, Gleichzeitigkeit usw. auszudrücken, bedient sich das Ungarische anderer grammatischer Mittel, in erster Linie der Verbalpräfixe (siehe unten).

a) Mikor? – *Wann?*

a múlt év**ben** / **tavaly**	*im letzten Jahr / letztes Jahr*
a jövő év**ben** / **jövőre**	*im nächsten Jahr / nächstes Jahr*
eb**ben** az év**ben** / **az idén**	*in diesem Jahr / dieses Jahr*
1996-**ban**	*1996*
január**ban**	*im Januar*
a jövő hónap**ban**	*im nächsten Monat*
a jövő**ben**	*in Zukunft*
Az első diplomámat 1978-**ban** kaptam meg.	*Mein erstes Diplom habe ich 1978 erhalten.*
Február**ban** beteg voltam.	*Im Februar war ich krank.*
A következő év**ben** Németországban leszek.	*Nächstes Jahr bin ich in Deutschland.*

Tavaly megszereztem a jogosítványt.	*Voriges Jahr habe ich den Führerschein gemacht.*
Jövőre leteszem olaszból a nyelvvizsgát.	*Nächstes Jahr mache ich die Sprachprüfung in Italienisch.*
Ebben az év**ben** még egyszer elolvasom a Háború és békét.	*Dieses Jahr lese ich Krieg und Frieden noch einmal.*
A jövö**ben** kevesebb édességet fogok enni.	*In Zukunft werde ich weniger Süßigkeiten essen.*

hét**kor**	*um sieben*
tizenkettő**kor**	*um zwölf*
két óra**kor**	*um zwei Uhr*
tizenegy óra**kor**	*um elf Uhr*
huszonhárom óra negyven perc**kor**	*um 23 Uhr 40*
fél nyolc**kor**	*(um) halb acht*
háromnegyed nyolc**kor**	*(um) drei viertel acht*
karácsony**kor**	*zu Weihnachten*
ebéd**kor**	*beim Mittagessen*
Hét**kor** találkozunk!	*Um 7 treffen wir uns.*
Mit csinálsz karácsony**kor**?	*Was machst du zu Weihnachten?*

ő**sszel**	*im Herbst*
tavas**szal**	*im Frühling*
aber: ezen az ősz**ön**, tavasz**on**	*diesen Herbst, diesen Frühling*
Ő**sszel** elhervadnak a legszebb virágok.	*Im Herbst verwelken die schönsten Blumen.*
Tavas**szal** virágzik az orgona.	*Im Frühling blüht der Flieder.*
Nyugtá**val** dicsérd a napot!	*Man soll den Tag nicht vor dem Abend loben.* (wörtlich: *Lobe die Sonne, wenn sie untergeht*).

tél**en** / nyár**on**	*im Winter / im Sommer*
hétfő**n** **/** kedd**en**	*am Montag / am Dienstag*
aber: vasárnap	*am Sonntag*
jedoch: ez**en** a vasárnap**on**	*an diesem Sonntag*
Melyik hét**en** kezdődik a tanítás?	*In welcher Woche beginnt der Unterricht?*
Nyár**on** nyaralok, tél**en** telelek.	*Im Sommer fahre ich in die Sommerfrische, im Winter in die „Winterfrische".*
Január 22-**én** van a születésnapom.	*Am 22. Januar habe ich Geburtstag.*

három nap**ja**	*seit/vor drei Tagen*
két év**e**	*seit/vor zwei Jahren* (Besitzerzeichen 3. Person Singular + Verb im Präteritum)

ma egy év**e**	*heute ist es ein Jahr her*
kedden lesz/volt tíz év**e**	*am Dienstag ist/war es 10 Jahre her*
Két év**e** beteg voltam.	*Vor zwei Jahren bin ich krank gewesen.*
Három nap**ja** levelet kaptam.	*Vor zwei Tagen habe ich einen Brief bekommen.*
Két év**e** vettem ezt a könyvet.	*Vor zwei Jahren habe ich dieses Buch gekauft.*
Ma egy év**e** léptem be a munkahelyemre.	*Heute vor einem Jahr habe ich an diesem Arbeitsplatz begonnen.*
Ma egy év**e** még Berlinben éltem.	*Heute vor einem Jahr lebte ich noch in Berlin.*
Tegnap volt tíz év**e** annak, hogy utoljára találkoztunk.	*Gestern war es zehn Jahre her, dass wir uns das letzte Mal getroffen haben.*
Augusztusban lesz harminc év**e** a megismerkedésünknek.	*Im August sind es 30 Jahre, dass wir uns kennengelernt haben.*
péntek **előtt**	*vor Freitag*
hét **előtt**	*vor sieben*
március **előtt**	*vor dem März*
két nappal **ezelőtt**	*vor zwei Tagen*
három hónappal **ezelőtt**	*vor drei Monaten*
tíz perccel nyolc óra **előtt**/ nyolc óra **előtt** tíz perccel	*10 Minuten vor 8*
Három nappal **ezelőtt** felhívott a barátom.	*Vor drei Tagen hat mich mein Freund angerufen.*
Két nappal **ezelőtt** beteg voltam.	*Vor zwei Tagen war ich krank.*
Öt perccel hét **előtt** csengett a telefon./ Hét **előtt** öt perccel csengett a telefon.	*Fünf Minuten vor sieben klingelte das Telefon.*
Az előadás kezdete **előtt** egy perccel estem be az ajtón.	*Eine Minute vor Beginn der Vorlesung/ Aufführung stürzte ich zur Tür herein.*
Három hónappal **ezelőtt** még folytak a vizsgák.	*Vor drei Monaten waren die Prüfungen noch im Gange.*
Az utazás **előtt** három órával még dolgoztam az előadásomon.	*Drei Stunden vor der Reise habe ich noch an meinem Vortrag gearbeitet.* (▶Kapitel Tempus)
három óra **után**	*nach drei Uhr*
péntek **után**	*nach (dem) Freitag*
öt perccel nyolc **után** / nyolc **után** öt perccel.	*5 Minuten nach 8*
Öt perccel nyolc **után** érkeztek a vendégek. / Nyolc után öt perccel érkeztek meg a vendégek.	*Um fünf nach acht sind die Gäste gekommen.*

A vendégek megérkezése **után** egy perccel kialudt a lámpa.	*Eine Minute nach dem Ankommen der Gäste ging die Lampe aus.*
Péntek **után** már ráérek, akkor elutazhatunk.	*Nach dem Freitag habe ich wieder Zeit, dann können wir verreisen.*
egy hét **múlva**	*in einer Woche*
Két hét **múlva** elindulhatunk.	*In zwei Wochen können wir losfahren.*
Két hét **múlva** már rég a Balatonnál leszünk.	*In zwei Wochen sind wir schon längst am Balaton.*
egy óra **felé**	*gegen ein Uhr (unsicherer Zeitpunkt)*
három óra **körül**	*gegen drei Uhr*
Öt óra **felé** felhívlak!	*Gegen fünf Uhr rufe ich dich an.*
Március **körül** már lehet dolgozni a kertben.	*Ungefähr ab März kann man schon im Garten arbeiten.*
het**ente** / hav**onta**	*wöchentlich / monatlich*
év**ente** háromszor	*dreimal jährlich*
órán**ként**	*stündlich*
Az adót év**ente**/év**enként** kell fizetni.	*Die Steuern muss man jährlich bezahlen.*
Hát te ór**ánként** felhívsz?	*Du rufst mich wohl stündlich an?*
Év**ente** kétszer ajánlatos elmenni fogorvoshoz.	*Es ist ratsam, jährlich zweimal zum Zahnarzt zu gehen.*
két nap**on belül**	*innerhalb von zwei Tagen (nur mit vollendeten Verben zu verwenden)*
Egy év**en belül** elkészült a ház.	*Innerhalb eines Jahres ist das Haus fertig geworden.*
öt és hét **között.**	*zwischen fünf und sieben*
Öt és hét **között** otthon ülök.	*Zwischen fünf und sieben sitze ich zu Hause.*
tanít**ás alatt**	*während des Unterricht(en)s*
utaz**ás közben**	*während der Reise (substantivbildende Endung -ás/-és; Parallel dazu wird eine gleichzeitig ablaufende Handlung ausgedrückt.)*
Matekóra **alatt** Juliska jóízűen hortyogott.	*Während der Mathestunde schnarchte Juliska genüsslich.*
Zuhanyoz**ás közben** kellemes dolog operaáriákat énekelni.	*Beim Duschen ist es sehr angenehm, Opernarien zu singen.*
Matekóra **alatt** Juliska elaludt.	*Während der Mathestunde schlief Juliska ein.*
Jancsi zuhanyoz**ás közben** elcsúszott és eltörte három bordáját.	*Beim Duschen rutschte Jancsi aus und brach sich drei Rippen.*

két év**en belül**	*innerhalb von zwei Jahren*
	(steht nur mit vollendeten Verben)
Három hét**en belül** el kell intéznem a hivatalos ügyeimet.	*Innerhalb von drei Wochen muss ich meine Amtsangelegenheiten erledigen.*
Kérem, három nap**on belül** jelentkezzen!	*Bitte melden Sie sich innerhalb von drei Tagen!*
két óra **alatt**	*innerhalb von zwei Stunden*
egy hét **alatt**	*innerhalb von einer Woche*
A fiam egy hét **alatt** felkészült a matematika érettségire.	*Innerhalb von einer Woche hat sich mein Sohn auf die Matheprüfung vorbereitet.*
Fél év **alatt** sokat tanult a gyerek!	*Während eines halben Jahres hat das Kind viel gelernt.*
két év**en át/keresztül**	*zwei Jahre lang*
	(nur mit unvollendeten Verben)
Három nap**on át** esett az eső.	*Drei Tage lang hat es geregnet.*

b) Mikorra? – *Auf/Zu wann?*

öt**re**	*auf fünf (Uhr)*
március negyediké**re**	*zum 4. März*
	(beabsichtigter Zeitpunkt)
Sietek! Három**ra** biztosan itthon leszek!	*Ich beeile mich, bis drei Uhr werde ich bestimmt zu Hause sein.*
mához egy hét**re**	*heute in einer Woche*
Mához egy hét**re** már nem leszek itt.	*Heute in einer Woche bin ich nicht mehr hier.*
Péntekhez egy hét**re** lesz a születésnapom.	*Freitag in einer Woche ist mein Geburtstag.*
Tegnaphoz két hét**re** már a tengerben lógatom a lábam.	*In zwei Wochen (wörtlich: gestern in zwei Wochen) werde ich bereits die Beine im Meer baumeln lassen.*
két hét**re**	*für zwei Wochen*
három nap**ra**	*für drei Tage (beabsichtigte Zeitdauer)*
Három hét**re** elutazom pihenni.	*Ich fahre für drei Wochen weg, um mich auszuruhen.*

c) Mióta? – *Seit wann?*

egy év**e** / három het**e**	*seit einem Jahr / seit drei Wochen*
	(Das unvollendete Verb steht immer im Präsens.)
Húsz év**e** tanítok ezen az egyetemen.	*Seit 20 Jahren unterrichte ich an dieser Universität.*

Három hete hiába várom a leveledet.	*Seit drei Wochen warte ich vergeblich auf deinen Brief.*
1999 **óta**	*seit 1999*
A gyerek szeptember **óta** iskolába jár.	*Seit September geht das Kind in die Schule.*
Január **óta** beázik a lakásom.	*Seit Januar regnet es in meiner Wohnung herein.*
fél év **óta**	*seit einem halben Jahr*
Egy év **óta** állandóan fáj a fejem. (vgl.: egy év**e**)	*Seit einem Jahr habe ich ständig Kopfschmerzen.*

d) Mikortól?/Mettől? – *Ab wann?*

március**tól**	*seit März*
március**tól kezdve/fogva**	*ab März*
Január**tól kezdve** rendszeresen járok úszni.	*Ab/Seit Januar gehe ich regelmäßig schwimmen.*
Má**tól fogva** csak te fogsz takarítani.	*Ab heute wirst nur du sauber machen.*
Holnap**tól fogva** sokkal szigorúbb leszek.	*Ab morgen werde ich viel strenger sein.*

e) Meddig? – *Bis wann?*

a jövő tanév**ig**	*bis zum nächsten Schuljahr*
kedd**ig**	*bis Dienstag*
Huszadiká**ig** befejezem a kéziratot.	*Bis zum Zwanzigsten habe ich das Manuskript fertig.*

f) Mettől – meddig? – *Ab wann – bis wann?*

január**tól** december**ig**	*von Januar bis Dezember*
Öt**től** hét**ig** biztosan kész leszek a dolgozatjavítással.	*Von fünf bis sieben werde ich sicher fertig mit dem Korrigieren.*

g) Meddig?/Mennyi időt? – *Wie lange?*

két nap**ig**	*zwei Tage lang*
Hét**ig** tart az előadás.	*Die Aufführung/Vorlesung dauert bis sieben.*
Még néhány nap**ig** itthon maradok, csak ezután kezdek dolgozni.	*Ich bleibe noch einige Tage zu Hause, erst dann beginne ich zu arbeiten.*
egy het**et**	*eine Woche* (nur mit unvollendeten Verben)
Legalább két év**et** dolgoztam ezen a könyvön.	*Mindestens zwei Jahre habe ich an diesem Buch gearbeitet.*

(Mehr dazu ▶Kapitel Die Zahlwörter)

Wissenswertes aus dem Bereich der Adverbialbestimmungen

Kausalbestimmung

Kausalbestimmungen geben Grund oder Ursache des Ereignisses an. Im Ungarischen wird unterschieden, ob der Grund ein auslösender, ein ständig bestehender oder ein die Folgen einschließender ist:

Grund/Ursache mit auslösendem Charakter (Honnan?):

Meggyógyul a gyógyszer**től**.   *Er/sie wird vom Medikament gesund.*

Megbetegedett a rossz levegő**től**.   *Er/sie wurde von der schlechten Luft krank.*

Grund/Ursache mit Dauercharakter (Hol?):

Állandó fejfájás**ban** szenved.   *Er/sie leidet an ständigen Kopfschmerzen.*

Örömé**ben** sírva fakadt.   *Vor Freude brach er/ sie in Tränen aus.*

Ursache mit finalem Charakter (Hová?):

Belebetegedett a bánat**ba**.   *Vor Kummer ist er/sie krank geworden.*

Grad und Maß ausdrückende Adverbialbestimmungen:

Egy kicsit elfáradtam.   *Ich bin **ein wenig** ermüdet.*

Nagyon boldog vagyok.   *Ich bin **sehr** glücklich.*

Alig van időm enni.   *Ich habe **kaum** Zeit zum Essen.*

Elég hideg van, nem gondolod?   *Es ist **ziemlich** kalt, meinst du nicht?*

Sokkal jobb kedvem van.   *Ich habe **viel** bessere Laune.*

Jót nevetett.   *Wir haben **ordentlich** gelacht.*

Jól elkéstem.   *Ich habe mich **ordentlich** verspätet.*

jól / jobban bringt keine eigenständige Bedeutung ein, es verstärkt lediglich die Intensität des Ereignisses:

Ma **jobban fáj** a lábam, mint tegnap. *Heute tut mein Bein **mehr** weh als gestern.*

Ma **jobban érzem** magam, mint tegnap. *Heute fühle ich mich **besser** als gestern.*

Finalbestimmung

Leküldöm a gyereket a boltba kenyér**ért.**

*Ich schicke das Kind ins Geschäft, **um** Brot **zu holen.***

Das Ziel wird im Nebensatz ausgedrückt, dessen Verb die Konjunktivendung hat:

Leküldöm a gyereket, hogy **hozzon** kenyeret és **sétáljon** a kutyával.

*Ich schicke das Kind hinunter, **um** Brot **zu holen** und mit dem Hund **spazieren zu gehen**.*

Das Ziel kann auch mit dem Infinitiv bezeichnet werden:

Elmegyek **zuhanyozni**, aztán pedig **bulizni.**

Ich gehe duschen und danach Party machen.

(▶Kapitel Modus und ▶Kapitel Koordinierende Sätze)

Das Attribut

Attribute erweitern Substantive. Sie stehen meist vor dem Substantiv.

A **piros** házban lakom.

*Ich wohne im **roten** Haus.*

A **második** emeletre megyek.

*Ich gehe in die **zweite** Etage.*

Találkoztam **Mari** férjével.

*Ich habe **Maris** Mann getroffen.*

Azt a kenyeret kérem!

*Ich möchte **das** Brot dort!*

Attributivisch gebrauchte Adjektive bekommen keine Endung, Demonstrativpronomen dagegen übernehmen die Endung des Substantivs:

Erről a lány**ról** mesélt a bátyám.

*Mein Bruder erzählte **über dieses** Mädchen.*

(▶Kapitel Das Demonstrativpronomen)

Falls ein Substantiv von einer Adverbialkonstruktion erweitert wird, steht diese – im Unterschied zum Deutschen – nicht nach dem Substantiv, sondern:

– als Adjektiv mit der Endung **-i** vor dem Substantiv:

A debrecen**i** barátnőm meglátogatott.

Meine Freundin aus Debrecen hat mich besucht.

A templom mellett**i** utcában lakik a barátom.

Mein Freund wohnt in der Straße neben der Kirche.

– als Partizipialkonstruktion vor dem Substantiv:

Kérem az asztalon **fekvő** könyvet

Ich möchte das Buch auf dem Tisch. (wörtlich: *das auf dem Tisch liegende*)

Az utcába **való** kanyarodás előtt jelezzen!

Blinken Sie vor dem Einbiegen in die Straße! (wörtlich: *vor dem in die Straße seienden Einbiegen*)

– als Nebensatz:

Arról a lányról beszélek, **akivel** **tegnap találkoztunk**.

Ich spreche über das Mädchen, das wir gestern getroffen haben.

(▶Kapitel Die Partizipien und ▶Kapitel Relativsätze)

14 # Die Wortfolge

Die Wortfolge im Ungarischen hat keine grammatische Funktion, denn die Wörter erhalten ihren Satzgliedwert nicht durch ihre Position, sondern durch ihre Endung.

Die Wortfolge dient im Ungarischen dazu, die neue Information im Satz neben bereits Bekanntem hervorzuheben.

Es gibt eine Grundregel: Was wichtig und neu ist, steht direkt vor dem Verb.

Wortfolge von Sätzen mit betontem Satzglied (Fokus)

Beliebige Satzteile	Betontes Satzglied (Fokusposition)	Konjugiertes Verb (Zentrum des Satzes)	Beliebige Satzteile (Erweiterungen)
Kati a konyhában	**finom ebédet**	főz.	
Kati kocht in der Küche ein wohlschmeckendes Mittagessen.			
A konyhában	**Kati**	főz	finom ebédet.
In der Küche kocht Kati (und niemand anderes) ein wohlschmeckendes Mittagessen.			
Finom ebédet	**a konyhában**	főz	Kati.
In der Küche (und nicht woanders) kocht Kati ein wohlschmeckendes Mittagessen.			
Kati finom ebédet	**a konyhában**	főz.	
Ein wohlschmeckendes Mittagessen kocht Kati in der Küche (und nicht woanders).			

Am Anfang des Satzes steht oft das Subjekt und/oder das Zeitadverb:

Tegnap Kati a konyhában finom ebédet főzött.　　*Gestern kochte Kati in der Küche ein wohlschmeckendes Mittagessen.*

Soll ein Satzglied betont werden, dann steht das Verbalpräfix – soweit vorhanden – hinter dem Verb:

Tegnap Kati **a kertben** főzte meg a finom ebédet　　*Gestern kochte Kati das wohlschmeckende Mittagessen im Garten.*

Immer betont und daher immer direkt vors Verb zu stellen sind:

– Fragewörter:

Ki jön velem?　　*Wer kommt mit mir mit?*

– in Entscheidungsfragen das Wort, auf das sich die Frage bezieht:

Péter adta neked ezt a könyvet?　　*Hat dir Péter dieses Buch gegeben?*

– verneinte Satzglieder:

Nem Péter javította meg a kocsit.　　*Nicht Péter hat das Auto repariert.*
Péter se jött el hozzánk.　　*Auch Péter kam nicht zu uns.*

- Satzglieder mit den Partikeln **csak, csupán, egyedül**:

  Csak Péter hozta vissza a könyveket. *Nur Péter brachte die Bücher zurück.*

Folgende Satzglieder können nicht betont werden. Sie stehen deshalb nie vor dem Verb und bewirken, dass das Präfix vorm Verb stehenbleibt:

- allgemeine und unbestimmte Pronomen (**mind-, vala-, né-**)

Néha elmegyek kirándulni.	*Manchmal mache ich einen Ausflug.*
Péterke **mindig** megeszi a spenótot.	*Péterke isst den Spinat immer auf.*
Valaki bement a szobába.	*Jemand ist ins Zimmer hineingegangen.*
Minden gyerek szeretné megsimogatni az oroszlánt.	*Jedes Kind möchte den Löwen streicheln.*

- mit **is** erweiterte bestimmte Satzglieder:

Péter is elment úszni.	*Auch Péter ging schwimmen.*
A **kutyát is** elvitte.	*Er nahm auch den Hund mit.*

- Modalpartikeln:

Péter **biztosan** elvitte a könyveit.	*Péter nahm seine Bücher sicherlich mit.*
Jancsi **tényleg** megoldotta a feladatot.	*Jancsi hat die Aufgabe wirklich gelöst.*

Demgegenüber gibt es neutrale (narrative) Sätze, in denen nichts besonders betont wird; alle Satzglieder sind gleichrangig.

Wortfolge narrativer Sätze

Subjekt + Erweiterungen	Bedeutungsmodifizierende Elemente (lexikalische Ergänzungen) Verbalpräfix; unbestimmte Ergänzungen	Verb	Grammatisch obligatorische Ergänzungen
Abhängig von der Absicht des Sprechers			
Juliska	meg-	ette	a palacsintát.
Juliska hat den Eierkuchen aufgegessen.			
Pista	iskolába	jár.	
Pista geht zur Schule.			
A kutya jóízűen		alszik.	
Der Hund schläft gut.			

Die Antwort auf eine Frage besteht oft nur aus dem betonten Satzteil:

– Eljössz velem?	*– Kommst du mit mir mit?*
– **El.**	*– Ja.*
– Ki megy vásárolni?	*– Wer geht einkaufen?*
– **Péter.**	*– Péter.*

Die das Verb modifizierenden Rektionen (▶Kapitel Die Rektionsverben)
und die Verbalpräfixe bilden mit dem Verb eine Einheit. In neutralen Sätzen
stehen sie vor dem Verb, in betonten Sätzen dahinter:

Bemegyek a boltba.	*Ich gehe ins Geschäft hinein.*
A boltba **megyek be**.	*Ins Geschäft gehe ich hinein.*
Juliska már **iskolába jár.**	*Juliska geht schon in die Schule.*
Juliska **jár már** iskolába, és nem az öccse.	*Juliska geht schon in die Schule, und nicht ihr Bruder.*

In manchen Fällen erhält das Verb durch die Rektion eine ganz neue
Bedeutung, oder es wird ohne Rektion gar nicht verwendet:

Ez a könyv hét fejezet**ből áll.**	*Dieses Buch besteht aus sieben Kapiteln.*
A barátomat János**nak hívják**.	*Mein Freund heißt János.* (wörtlich: *Meinen Freund nennt man János.*)
Évek óta Budapest**en lakom.**	*Seit Jahren lebe ich in Budapest.*

In diesen Sätzen kann das Verb nie betont werden, so dass entweder die
Rektion oder ein betontes Satzglied vor dem Verb steht:

Én lakom Budapesten (és nem a barátom).	*Ich lebe in Budapest (und nicht mein Freund).*
Ez a könyv áll hét fejezetből (és nem a másik).	*Dieses Buch (und kein anderes) besteht aus sieben Kapiteln.*
A barátomat hívják Jánosnak (és nem az apámat).	*Mein Freund heißt János (und nicht mein Vater).*

⎕ Folgende Sätze sind falsch:
Ⓧ *Lakom Budapesten.
    *Áll hét fejezetből ez a könyv.
    *Hívják a barátomat Jánosnak.

Stichwortregister

A

Adjektiv 42, 52, 91
  Adjektivableitungen 91
  als Satzteil 42
  Komparation 43
  Zahlwörter 45
Adverb 52
  Bildung 52
  Komparation 53
  Pronominaladverb 62
  Vergleich 62
Adverbialbestimmungen 111
  Finalbestimmung 122
  Kausalbestimmung 121
  Ortsbestimmungen 112
  Zeitbestimmungen 115
Akkusativbildung 37
Akkusativobjekt 107
Akkusativsuffixe 43
Anrede 56, 66
Artikel 84
  bestimmter Artikel 84
  Gebrauch 84
  unbestimmter Artikel 84
Aspekt 17
Attribut 29, 42, 45, 59, 104, 122
  Adjektiv als Attribut 42
  Substantiv als Attribut 29
  Zahlwort als Attribut 45

B

Besitzer 31
Besitzerzeichen 30, 106
Besitztum 31
  im Plural 33
  im Singular 32
Besitzverhältnisse 31
Besitzzeichen 30, 106
Bruchzahlen 47

D

dass-Sätze 102
Datumsangabe 49

F

Fragesätze 48

G

Genus 21
Grundzahlen 46

H

haben-Konstruktion 35
-hat/-het 90
Hilfsverben 22

I

Imperativ 18, 27
Indikativ 18
Infinitiv 68
  Suffigierung 69
intransitive Verben 11, 70, 88, 90

J

jemandem gehört etwas 36

K

Kasussuffixe 38, 43, 74
kell 21, 68
Komparationssuffixe 43
Konditional 18, 20, 23, 55, 95, 103
Konjugation 11
  bestimmte Konjugation 13
  unbestimmte Konjugation 12

Konjunktiv 18, 94, 102, 122
  Konjugation des Verbs 19
Konsonanten 7
Koordinierende Sätze 97

L

lehet 24

M

Maßeinheiten 51
Modaladjektive 22
Modus 18
  Indikativ 18
  Konditional 18, 20, 23, 55, 95, 103
  Konjunktiv 18, 94, 102, 122

N

Nominativstämme 41

O

Ordnungszahlen 46

P

Partikeln 74
  Antwortpartikeln 77
  Fragepartikeln 77
  Modalpartikeln 74
  Relationspartikeln 76
  Verbalpräfixe 79
Partizipien 69
  Adverbialpartizip 71
  Partizip Futur 71
  Partizip Perfekt 70
  Partizip Präsens 69
  Verwendung 72
Personalsuffixe 56
Plural 30
  Pluralbildung der Substantive 30
  Besitztum im Plural 33
Pluralsuffixe 42
Possessivsuffixe 56
Prädikat 104

Pronomen 56
  Demonstrativpronomen 60
  Fragepronomen 63
  Indefinitpronomen 66
  Personalpronomen 56
  Possessivpronomen 59
  Reziprokpronomen 67
  Reflexivpronomen 67
  Relativpronomen 65
  Universalpronomen 66

R

Rektionsverben 28
Relativsätze 101

S

Satz 94
  Adversative Satzverbindungen 98
  Attributsatz 101
  Aufforderungssätze 95
  Ausrufesätze 94
  Aussagesätze 94
  dass-Sätze 102
  Disjunktive Satzverbindungen 99
  Erläuternde Satzverbindungen 99
  Fragesätze 94
  Kausale Satzverbindungen 99
  Konditionale Satzgefüge 100
  Konklusions-Satzverbindungen 99
  Kopulative Satzverbindungen 97
  Objektsatz 101
  Relativsätze 101
  Struktur 104
  Temporale Satzgefüge 100
  Verneinende Sätze 95
  Wunschsätze 95
Satzverbindungen 97
Subjekt 106
Substantiv 29
  Akkusativbildung 37
  als Objekt 37
  als Satzglied 29
  haben-Konstruktion 35
  in Besitzverhältnissen 31
  jemandem gehört etwas 36

Nominativstämme 41
Pluralbildung 30
Stammformen 30
Substantivableitungen 90

Sz
szabad 22, 24

T
Tempus 11
  Futur 15
  Präsens 13
  Präteritum 14
transitive Verben 11, 70, 88, 90

U
Uhrzeit 49

V
van 35, 38, 42, 48, 50, 86, 96, 104
Verb 11, 35, 45, 88, 104
  Aspekt 17
  bestimmte Konjugation 13

Genus 21
Grundform 11
Hilfsverben 22
intransitive Verben 11, 70, 88, 90
Konjugation 11
Modus 18
Person und Numerus 12
Rektionsverben 28
Struktur 12
Tempus 13
transitive Verben 11, 70, 88, 90
unbestimmte Konjugation 12
Verbableitungen 88
Verbalpräfixe 79
Vergleich 53
  im einfachen Satz 54
  im zusammengesetzten Satz 54
  mit irrealer Aussage 55
Vokale 8
Vokalharmonie 9
  dunkle Vokale 9
  helle Vokale 9
Vokaldehnung 10